トッチ ＋ 礒 正仁
tocchi masahito iso

日月神示、マカバ、フラワーオブライフ

宇宙の最終形態「神聖幾何学」のすべて

8 [八の流れ]

宇宙の最終形態「神聖幾何学」のすべて

日月神示、マカバ、フラワーオブライフ

8

[八の流れ]

表紙画像　トッチ
ブックデザイン　櫻井浩（⑥Design）
図版　波琉木
校正　麦秋アートセンター

手放すは、自分のものさし。

日月神示、マカバ、フラワーオブライフ
宇宙の最終形態「神聖幾何学」のすべて8［八の流れ］　目次

第1章　作ること、動くことで見えてくる立体世界

第2章　平面次元=くらべる次元を卒業する

第3章　フラワーオブライフへの真の理解が岩戸を開く

本書は、2018年8月21日にヒカルランドで行われたセミナー『日月神示、マカバ、フラワーオブライフ 宇宙の最終形態「神聖幾何学」のすべて』12回連続講座 第8回（講師：トッチ・特別講師：礒正仁）をもとに、構成・編集したものです。

第1章

作ること、動くことで見えてくる立体世界

籠の中の鳥がいよいよ解きはなたれる

礒正仁　今日は8回目ということで。

その回ごとのセミナーにちなんだ数霊《かずだま》のお話を、トッチさんとわたしの方からさせていただいていますけれども。

「8」という数字について。

日月神示がミロクと示している「5、6、7」。「ウムナ」りて、というところは、これまで何もないと思いこんでいた「無」の中に、実はすべてがそろっていたことを思いだす。

そのような周波数をまとった精神性を、自《みずか》らの内側によみがえらせ、それに裏づけられた行動を実際に積みかさねることによって、エネルギーに満ちあふれた現実が目の前に勢いよく展開されはじめます。

変容をとげた新たな意識の領域では、すべてがそろっていて、必要なタイミングで必要な人やものと出あう。常に最善の状況に導かれているということに、揺るぎない信頼が立ちあがっている世界です。

「六」（ム）の内側で魂（一《いち》霊《れい》四《し》魂《こん》＝五）が発動している領域。ウム鳴り（5、6、7）響く、神づまった意識の状態が外にも投影されてきます。

そして、いよいよ、その周波数をベースにした無限の世界「8」があらわれます。

すべてを生みだし、包みこんでいる普遍なる法則性から離れたがゆえに、これまでずっと「何かが足りない」、「足りない何か」を追いもとめて行動するという人生を繰りかえしてきたわけです。

「足りない」もの、「足りない」と思いこんでいるもの、もしくは「それがなければ生きていけない」と感じるほどの執着や、必要性に関する誤解にまみれていた過去から、実は何もないと思いこんできたところに、すべてがそろっていたことを深く理解した心の状態へと転換をとげたとき、もはや戦いや競争によって奪いあう必要がない真の創造性に満ちた意識がよみがえって、ここから本物の人生が動きだします。

すべての生命《いのち》は、ともに認めあいながら響きあっているというよろこびを、まさに体感しながら歩んでいく人生です。

長きにわたって閉じこめられていた、有限という檻《おり》の中から、無限なる意識の世界へと旅立つとき。

籠《かご》の中の鳥がいよいよ解きはなたれる、夜明けの晩の到来ですね。

新たなる時代の夜明けまでに自らの意識を立ちあげ、ヒイヅルクニの神人《かみびと》として、無限なる意識を復活させて生きていく。

立体世界へと立ちあがった意識のみが識《し》りうる、真の無限世界への誘《いざな》いをあらわす数霊が「8」だと思います。

繰りかえしになりますが、有限世界から無限世界への移行について、日月神示は「平面から立体への意識転換」すなわち奥行きや側面、死角を観《かん》ずることのできる意識を育《はぐく》むことの重要性について、幾度も伝えてきてくれています。

　意識の立体化こそが自らを無限なる神人へと導いてくれるのだと。そして複立体、複々立体、すなわち神聖幾何学にこそ、その答えが秘められていることを暗示してくれているわけです。

　それは言いかえれば、これまでの自分を手放したところ、自我意識を超越してこそ出あうことのできる世界であるということ。これまでの偏《かたよ》った自分に神聖幾何学を巻きつけるのではなく、自我を手放しながら神聖幾何学に祀《まつ》ろっていく（＝常に普遍なる法則性の方に自らを合わせていく）覚悟とその実践の先にある領域です。

　そのため、まずはじめに、今一度、どこまでも自分自身の内側を、これまでのパターンを変えていくゲームである点を落としこむ必要があると思います。無意識に外に向いている意識、すでに過去となってしまっている世の中や集合意識から共感を得ようとしている自分を認識し、自らの中心から！　内側から！　立て直していくこと、新たな自分自身の創造に集中することが求められます。

知識として知る世界を越えた領域のお話

礒　第二に、今までの自分を部分的に変えていくのではなく、意識をまるまる一式変えていくことが不可欠となってきます。自分自身が「ありえな〜いっ！」と感じるくらいまで、生き方や生活環境を変えちゃう。これまでの選択のパターンをひっくり返しちゃう。複々立体の中心（法則性）を意識しながら、ドキドキするチャレンジの中に身を置いて、内側が動いている感覚を味わう。

神聖幾何学（法則性）とつながっている自分自身の真我《しんが》に対しては、ごまかしがきかないため、中途半端に自分本位の都合のよいやり方をしていると、かえって苦しくなってしまいます。

いいとこ取りができない、偏《かたよ》った二元的な考え方をもったまま入っていくことのできないゾーンへの意識移動です。

平面的な二元意識がとらえている立体というものの概念と、立ちあがりはじめた意識が認識する立体というものは、そもそもまったく異なるものなのです。

ここのところを言葉で説明することがとても難しいのですが。知識として知る世界を越えた領域のお話であり、綿棒をつむぎながら両手を通じ理解におよんだ立体的な生き方を実践してこそ、はじめて発動する感性であるように感じます。

綿棒で神聖幾何学を創造することの奥深い真意、さらにその形霊《かただま》に潜んでいる法則性に関して、正しい説明やガイドを受けることなしに、意識の奥行きが育《はぐく》まれることはないことを実感しています。綿棒と綿棒の接合点一つひとつにも無数の叡智《えいち》が隠れていることを理解していかないと、神聖幾何学を生きざまに展開していくことはできません。本質的な目的、意識の立体化とはかけ離れた工作にとどまってしまうわけですね。

法則性にのっとったやり方、順序で綿棒ワークを重ねていると、その瞬間でなくとも、絶妙なときの経過をへて、いつのまにか死角があらわれはじめる。見えなかった世界、なかったことにしていた世界が、目の前や感覚の中にあらわれてくるのです。内なる意識の変容から生じたあらわれを体感する瞬間です。エゴ（欲望、競争、我よし）の目的を果たすために神聖幾何学に近づこうとしても、行きつくことのできない驚きの別世界です。

このとき、同時に自分の心や考え方、感じ方がより柔軟になってきていることにも気がつくはずです。意識に、遊びの部分や新たなスペースが生じてきたといいますか。

外側に綿棒を使って神聖幾何学の形出《かただ》しをしながら、内側に神聖幾何学を築いていくこと、生きざまとして神聖幾何学の本質を表現していくことが本筋だったことに気づかされつづけます。

今日わたしが着ている服、この麻の葉の模様は、わたしたちの幼少期から、日常生活のいたるところにちりばめられていたわけですけれども、この平面の麻の葉模様を見て「あっ、これって！　フラワーオブライフの立体のことだったんだ」と教えていただいて、はじめて気づけた自分が照れくさいですね。古神道《こしんとう》を探求してきた身としては大変に照れました（笑）。

一家の家紋ですとか、神社の社紋ですとか、そういったシンボルの奥行きが、実はすべて宇宙の普遍真理を形としてあらわした、立体フラワーオブライフ、神聖幾何学へとつながっていたわけです。

真理は隠されていたわけではなく、実は、そこここにちりばめられながら示されていて、それらの前を素通りしてきたのは、自らの意識の問題であったことを思いしらされる。

法則性にもとづいた答えや数霊《かずだま》は、すべて立体意識をもってしか理解に行きつくことができません。ですから、立体化した意識が引きよせる情報やエネルギーは、平面意識のそれとは、くらべようもないレベルなわけです。

はじめからやりなおし＝苦悩したスサノオの状態

礒　高天原《たかまがはら》を追放されるにいたった神、スサノオの狂気。なぜスサノオは荒れ狂ったのでしょう？

天から愛されつづけているがゆえに、ときに厳しく導かれることを受けとりきれなかった。自《みずか》らが求める事象のあらわれこそが、天の愛の証《あかし》だと思いこんだ結果、自分は愛されていないという大いなる誤解にはまってしまい、そのやるせなさゆえに、天与の大きな力を「自分が求める形で愛されたい」という我欲を満たすために使ってしまったわけです。

苦悩の渦中で荒ぶる堕神《だしん》スサノオ。法則性（普遍なる真理）から外れた周波数の意識においては、真実の世界の投影は起こりません。むさぼるような孤独と枯渇《こかつ》の中でスサノオが決断したこと。

「はじめからやりなおし」。

自らのやり方を手放し、我《が》を捨てて法則性にすべてをゆだねて導かれることでしか、活路が拓《ひら》かれないことを深く感得《かんとく》し、その実践を通じて普遍真理へと帰依《きえ》し、ふたたび神としてよみがえったのです。

ひふみ祝詞《のりと》に示されている「あせゑほれけ」＝大宇宙でたったひとつの法則性への帰依・帰還を、自らの生きざまを通して形出《かただ》しして見せてくれたわけですね。

大いなる法則性、すなわち「ス」とのギャップ「サ」は合一《ごういつ》にいたり、ことは成《な》った（ナル）。ということで、日月神示の多くのパートでスサノオは、「スサナル」として登場しています。


法則性の存在すら忘れてしまった現在のわたしたちは、苦悩したときのスサノオの状態にあることを、まずは認める必要があります。自分が誤った位置にいたこと、ズレていたことを受けいれることによって、情報やエネルギーが集まってくるようになる。そのうえで、スサナルのように法則性を生きていく存在としてよみがえっていく。立体無限意識へのゲートは、「一からやり直す」勇気ある決断と行動をもってこそ開かれる。今までのやり方、価値観は一切持ちこめない、聖なる領域へと踏みだしていくミチなのです。

それでは、このへんでトッチさんにバトンをお渡ししたいと思います。

「遊び」がないと、エネルギーというものが回転しない

トッチ　「8」と「9」ですね。
「バカ」ですね。
僕はもう、見たままのバカですけども。
今日は、ちょっと、ここにあるホワイトボードみたいなものを使って落書きを。
これは、多くの人たちの数字の見方（22ページ上参照）。

でも、立体を理解していったときの数字の見方は、球体（22ページ下参照）。

そこに、例えば、球体の中に球体が入っていて。

これを、奇数・偶数・奇数・偶数というかたちで、波が、凹凸があったとしますよね（23ページ参照）。

もしくは、この中で空間があったら。

「ある」という方と「ない」という方と「ある」という方と「ない」という方で空間があったら。

これが、「遊びがあったら」、ということ。

「遊び」がないと、そもそもエネルギーというものが回転しない。

遊びというか、余裕というかがないとね。

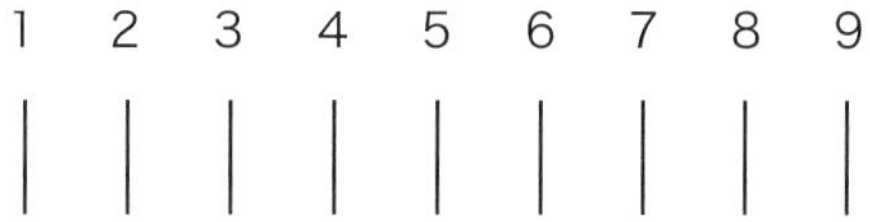

多くの人の数字の見方

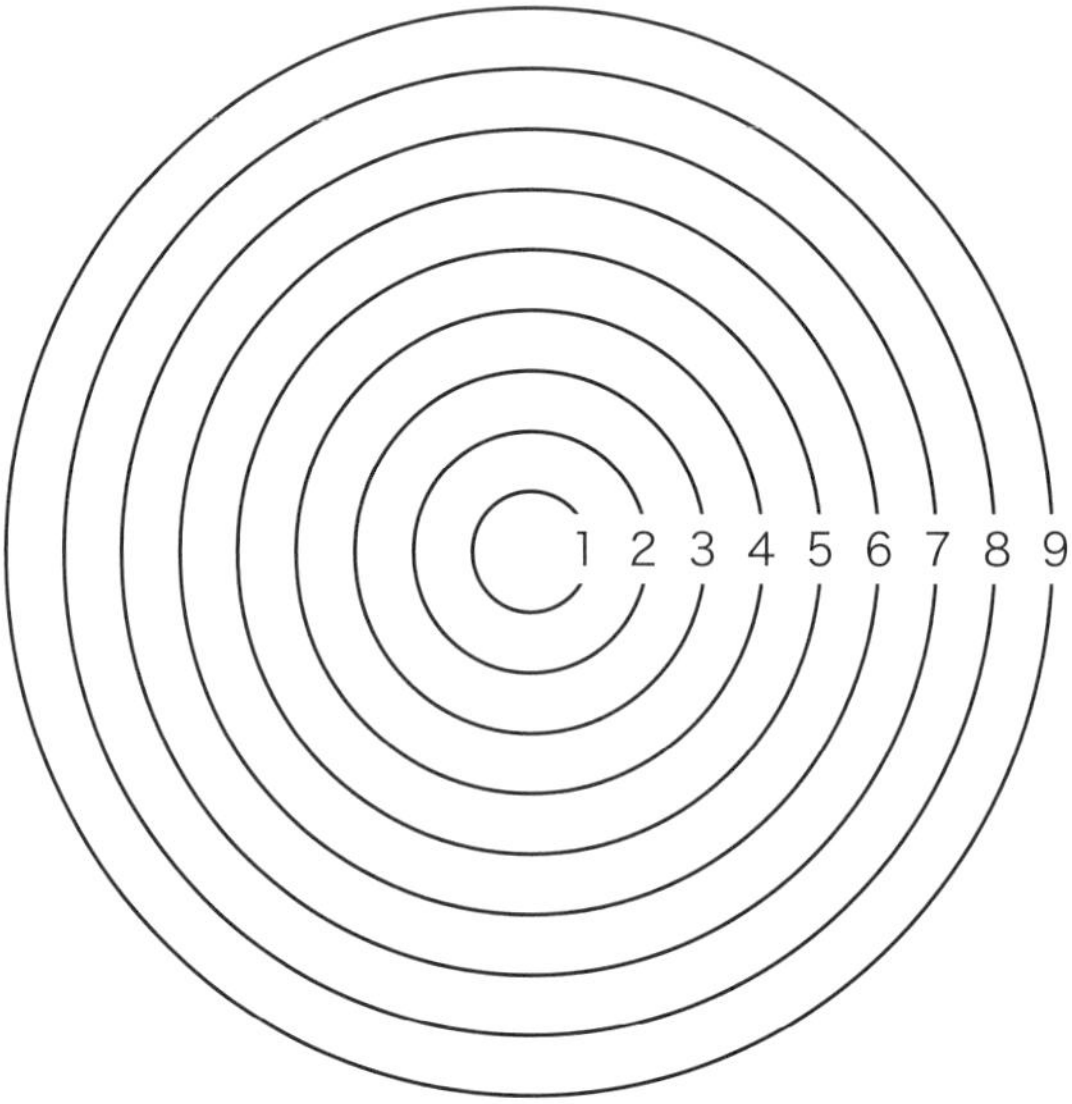

立体を理解していったときの数字の見方

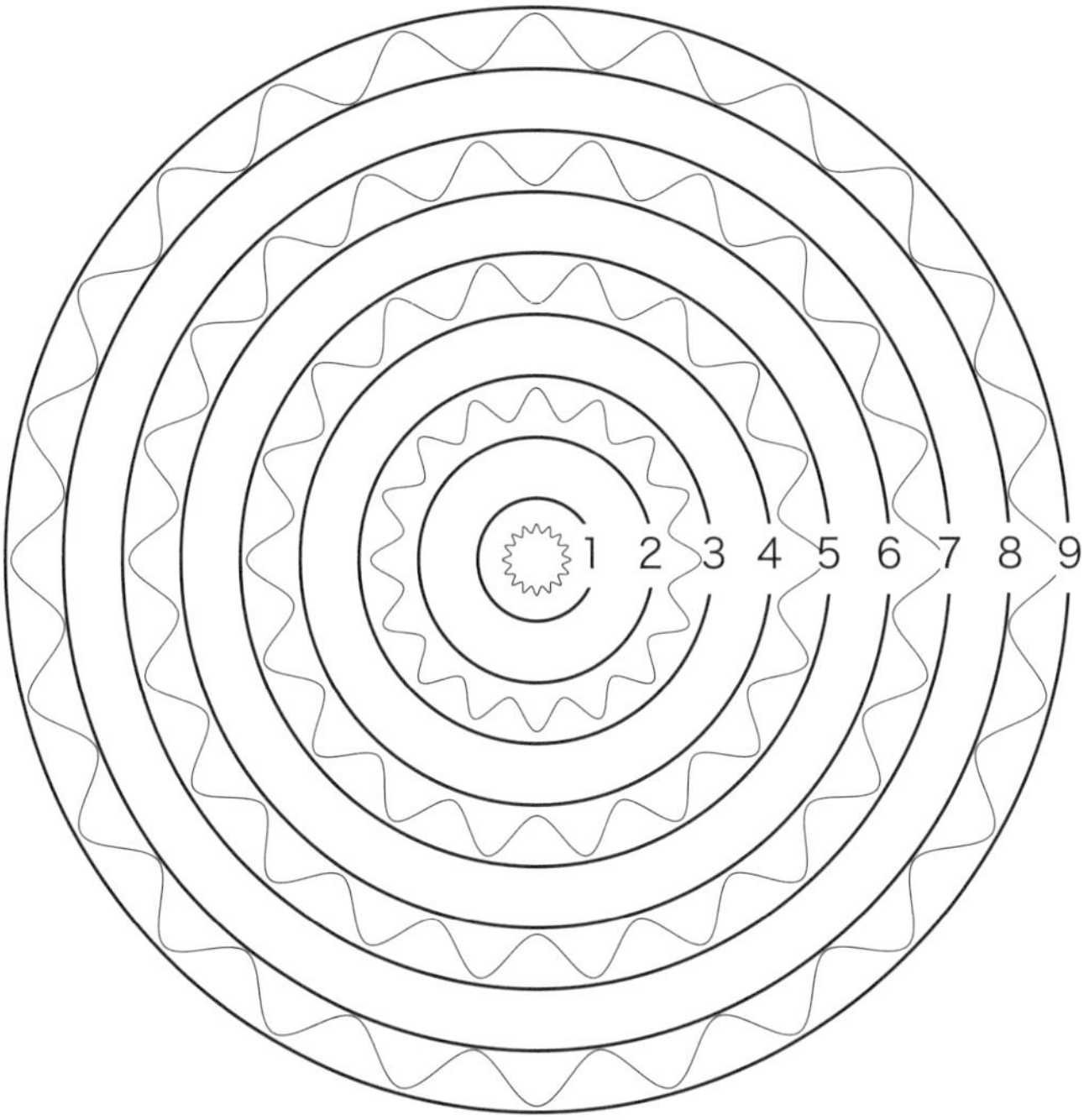

立体的な数字の見方をしたとき
奇数・偶数・奇数・偶数……というかたちで
波、凹凸があった場合

これがまた、遊びの中で動くわけですよ。

「中」が動けば、また、全部が動くようになっているんです。

だけど、真球の場合、すべてに動きがなくなってしまう可能性があるんです。だから波が、凹凸がある。「ギア」「歯車」という言葉があるように、僕たちが歯車だと思っているものは、地球レベルでいうと、山なんです。山とか海。

その凹凸がギアになって、空間の中で回っている。

そこに、途中、オナラが必要なわけです。プッ！　って、僕たちがするように。だから、火山がプッ！　となっているわけ。

要は、地球がオナラしているのに、みんな「災害だ！」とか言ったりしてね。そういうとらえ方を、変えていくことができればいいんですけど。

先ほどの図でいうと、それぞれの山が、波を打っているわけです（25ページ参照）。頂上に磁石でもついていれば、歯車の歯の数が違うことによって、ずっと回

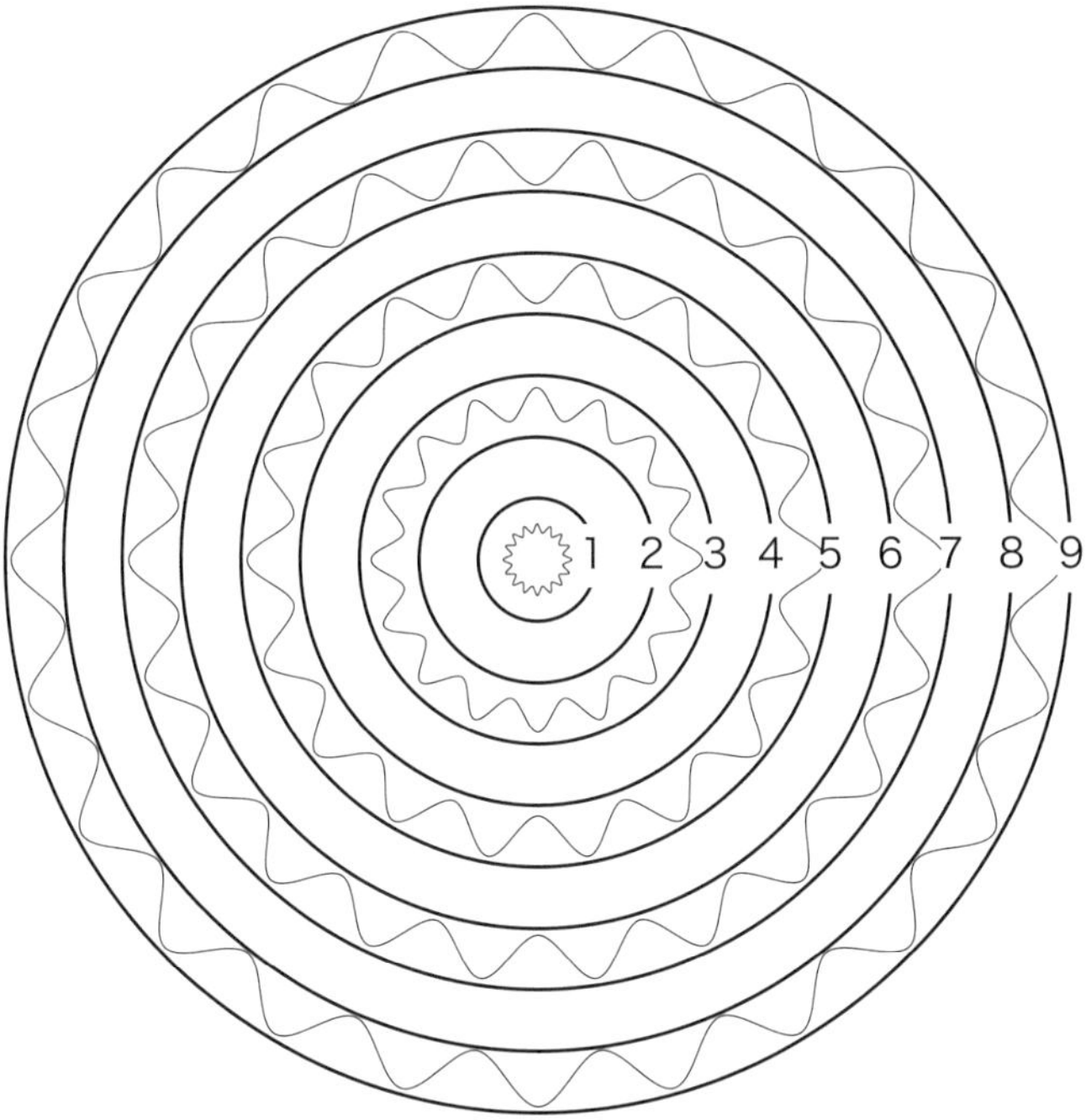

凹凸のそれぞれの山が波を打っている
頂上に磁石がついていれば、回りつづける

りつづけるんじゃないですか？

古くから残るものはすべて、あえてズラしてある

トッチ　例えば、欲を満たす。

自分のエゴで満たそうとすると、だんだん動きがとれなくなってしまうということ。だから、余裕を持った方がいいんです。

「腹八分目」という言葉はウソではなくて。その8と2という数字をかけてみたら、16という数字で、それは十六菊花紋だったりします。

16を1＋6としたら、7。ラッキーセブンといわれる数字が出てきたりだとか。

もっともっといろんな感じで、大きいものと小さいものと、両方を見られるような意識を持ってくるといいんですけどね。

そうしたら、エネルギーの問題から、スピリチュアルの魂の問題だとか、そういったことまで、あっという間にわかってくると思うんですけどね。

また、音だとかね。音だって周波数ですけど、その周波数というものだって、先ほどお話しした歯車の回転数だったり、そういったものだと思うんですね。

全部、この立体の仕組みだけで、できちゃうんじゃない？　と思いますよ。

これを、いろんなジャンルの人たちと融合するというか、みなさんそれぞれが培《つちか》ってきた技術と融合させてあげればいいわけです。

でも立体は、エネルギーそのものをつくりだすものだから、そこにエゴみたいなものをのせてはいけない。

エゴというのが、「悪」というものの役割みたいなものになっていたのかな。比喩で、「悪」と表現されていた。

昔からある本とか——昔から、古代から残っているものって、たぶん普通に書いてはいないんですよね。あえてズラして書いているんですよね。

だから、元の、本来意味しているものをはめこんでいくことで、起きあがってくるようになっているといいますか。

そうしたものが、世界中に散らばっていて。そこに、僕たちの中にあった——何と言っていいんですかね、余計なもの、そのおかげで忘れていってしまったものがたくさんあって。そこに、ただ戻るだけの話だった、くらいに、本当はシンプルで。

だって、冷静に考えてみたら、ギアの歯車の話と、今言ったような、昔からあるお話って、同じことじゃないですか？

そこに磁力があったとしたら、それぞれに磁石がある。

なぜ磁力があるかと言ったら、回転するエネルギーが生まれているから、そこには磁場というものが、集約された場所ができあがるんですよね。それは、目に見えない立体の世界——フラワーオブライフの状態になっているということ。

自分のレンズを換えると、見える世界はまったく変わってくる

トッチ　僕たちの受けている光というのも、可視化できるものと可視化できないものとがあって。

例えば、カメラのレンズを換える、もしくは中に入っているコンピューターみたいな制御システムを変えると、赤外線で人を見たりできますよね。レントゲンも同じですよね？　見えないものが見えるようになる。

太陽を見るときも同じ。

そうやってレンズを換えてみると、さまざまな形で見えますよね。

つまり、自分自身のレンズを換えることで、見える世界はまったく変わってくる。

はじめに、ラインに数字を書きましたが（22ページ上参照）、ああいう数字のとらえ方をしていると、いつまでたっても立体の世界には入っていけないし、先ほどの歯車の話も、理解できない。

言ってしまうと、1本の線だけで、それを回して円にしてあげれば、球体が中から大きくなっていくような構造が、ずっと続いているだけだった（31ページ参照）。

ちなみに、球体が大きくなっていくのは、中から、ですよ。

だから、教科書に載っていることが本当か、学校が本当のことを教えているかと言ったら、アテにならない。

惜しいところと、これ違うな～というところがある。

でもそれも、裏をかえせば、自分が意識を変えれば、答えそのものでもあったということなんですよね。

「1＋1＝2」が間違いなのではなくて、答えの一つなんだ、ということ。無限に

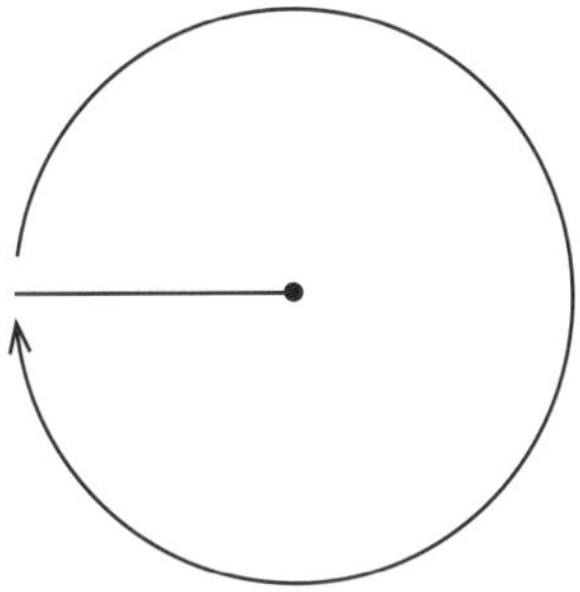

1本の線を回して円にする

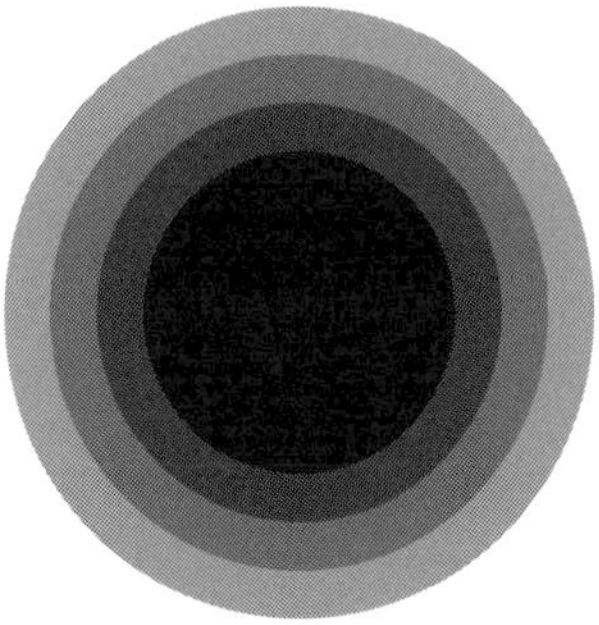

球体が中から大きくなっていく構造が
ずっと続いているだけ

ある答えの一つなんですよね。

1＋1＝2＋1＝3＋1＝4＋1＝5…………

こう数字が続いているとしたら、無限じゃないですか。

学校では、ここまでしか見せない。

むしろここだけとか（33ページ参照）。

そうではなくて。ここの中全部で見れば。しかも、立体としてとらえて。

それだけでもう、すべて解決しちゃうんじゃないの？　というね。

これは人間の思考の中も同じで。

一番いいのは、ゆるやかな波をいかにつくるか、ということ。それが、一番細かく回転できる。

より中心に近くなるということ。細かくなるわけだから（34ページ参照）。

$$1+1=2+1=3+1=4+1=5\cdots\cdots$$

無限に続くが……

むしろここだけしか見せない

$$1+1=\boxed{2}+1=3\cdots\cdots$$

学校では
ここまでしか見せない

ゆるやかな波をつくる

↓

一番細かく回転できる

↓

より中心に近くなる

手を加えて動かないと、見えてこないものの方が多い

トッチ　そんなようなことを、立体の構造と、世の中にありそうなことというのを、照らしあわせながら、立体に入れていくんです。ポーンポーンポーンポーンって。

そうすると、いろんなことがつながってきて、いろんなことが、「あれ?」っていう状態になってくるんですけどね。

でも、こういう立体も、自分で作っていかないと、なかなかたどりつけないです。

数字も含めて、いろんな答えが立体の構造とともにあったとしたら。作ったことのない人にはわからない。たどりつけない。

例えば、この立体の、綿棒が集まったグリッド部分が、いくつあるんだ？　とか（37ページ参照）、数字の秘密の本質を知ることが、永遠にできないと思うんですね。

だからもう、作ることでしか、知っていくことができないというか。

それが、言葉を変えると「行動」ということ。実際に手を加えて動かないと、見えてこないものが、圧倒的に多いんですよね。

ただし、やみくもに動いても、ギアの歯車が合わなければ、また大変なことになってしまったりもするんですが。

そこで、「比率」というのが、さらに重要になってくるんですね。

例えば、タマゴも、中身を溶くのに、２回転回した状態と、５回転回した状態、１００回転回した状態と……だんだんだんだん、変わっていくじゃないですか。

それを、自分の頭の中に当てはめてみたら、どうですか？　ということ。

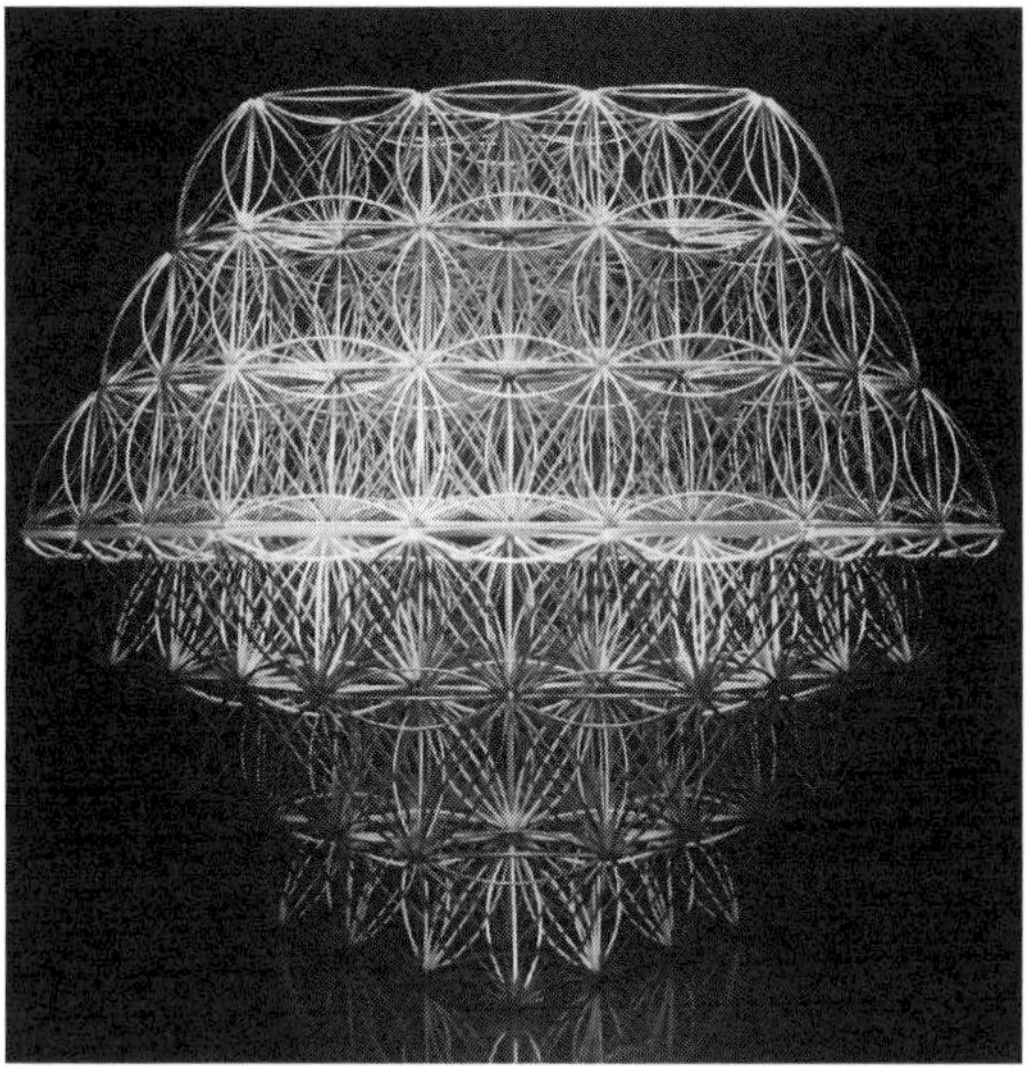

綿棒が集まったグリッド部分は
いくつあるか？

そんなふうに、ふだん、みなさんがやっていることなんかを当てはめてみたらね。

そうしたらもう、答えだらけじゃないかと。

礒さんが先ほどおっしゃってくれていた、シンボルというものを含めて、身のまわりにあるものすべてが、答えだった、っていう。

それくらいなお話だと思うんですよ。

だから、誰がエライとか、あいつがどうとか、そういうところから抜けて。いい加減。

こういう立体の世界に気づけるような時間をつくってみて。そうすると、結構おもしろい世の中に住んでいるんだなあって、なってきますし。

僕なんて、毎日ふざけながら生きてますよ。おふざけもいいところ。

今日も、仕込んできているんですけどね(笑)。

どの立体にも「遊び」がある

トッチ　簡単な話、照らしあわせてみてほしいんですね。先ほど描いた図と、立体を（40ページ参照）。

この立体は、まだ半分の状態なんです（42ページ中参照）。火水《ひみつ》のお話をしていて、予定より進んでいなくて、完成しなかったというのが実際なんですけど（笑）、半分の状態を見る機会もあまりないと思って、この状態で持ってきたんですね。

こう見えているのが、世に出ているフラワーオブライフ（42ページ上参照）。本来は立体であるものの、表面の薄っぺらい部分しか見ていない状態なの。奥と手前の部分を見ていなかったということでもあるし（42ページ下参照）。

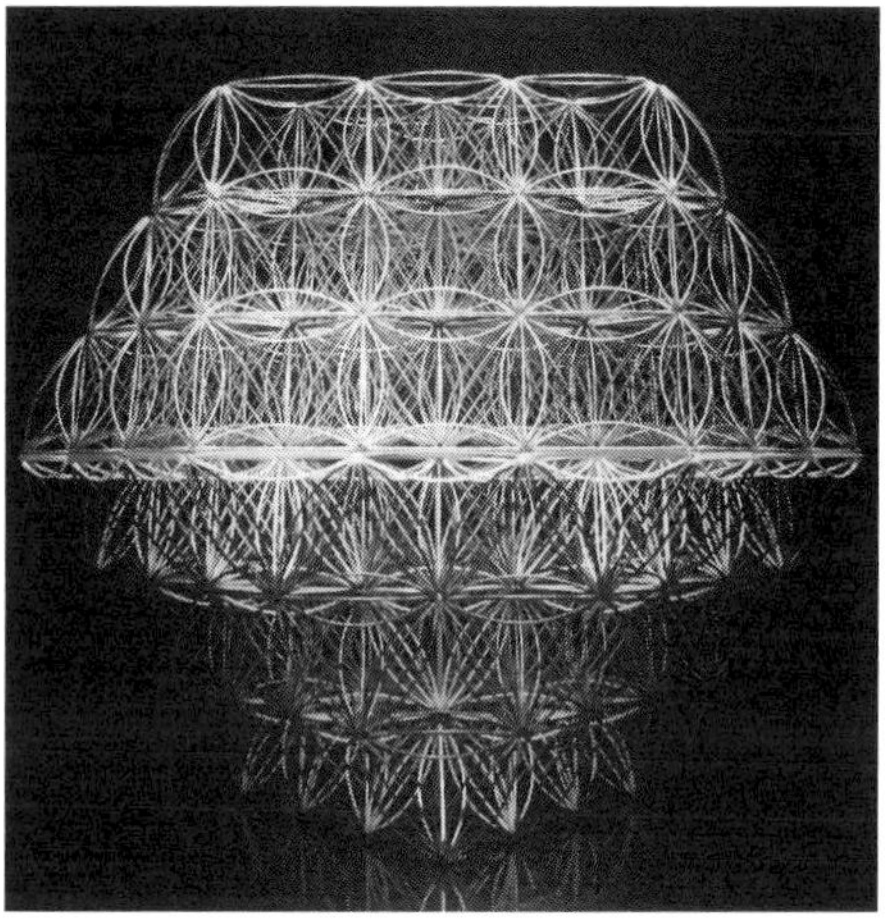

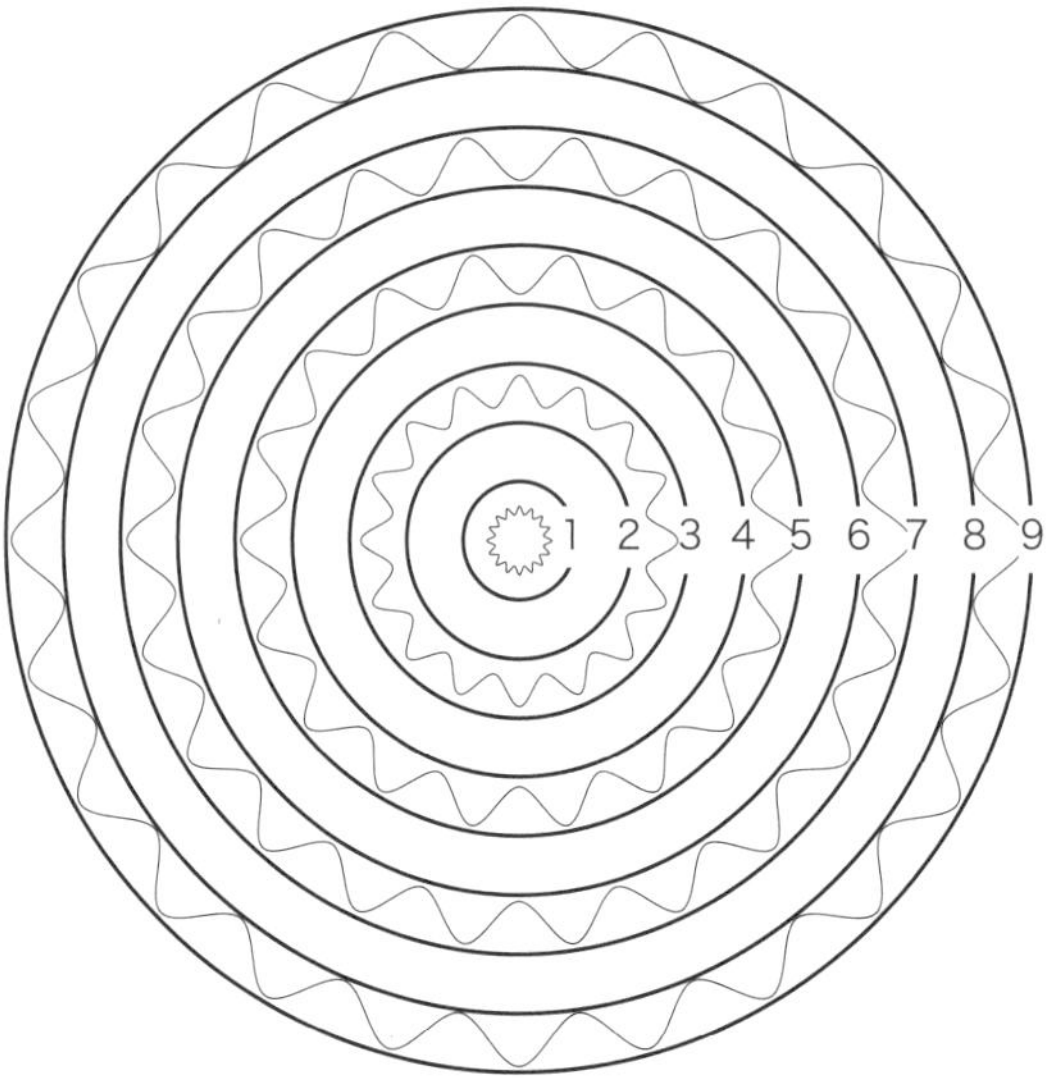
1 2 3 4 5 6 7 8 9

角度を変えてみると、断面図にしなくても、そもそもが立体のフラワーオブフライフだった、ということがわかる。

そして、立体の中にある空間が、先ほど言った「遊び」です。

また、逆でもいいですよ。実際にある方が「遊び」で、空間の方を「ない」けど「ある」にしてもいいですよ。両方ありますから。

断面図だからわかりにくいと思うんですけど、ここに水色の線と赤い線があって、実際には、この立体（ベクトル平衡体とマカバを組みあわせたもの）の断面図なんですよ（43ページ中参照）。この組みあわせた立体を、横に切ったもの。

ですから、この半分の状態のものが立体になると、点で支えている状態に仕あがってくるんですね（奥と手前ができて完成すると、その中にベクトル平衡体とマカバを組みあわせたものができる・43ページ下参照）。

表面の部分が
世に出ているフラワーオブライフ

立体フラワーオブライフ
半分の状態

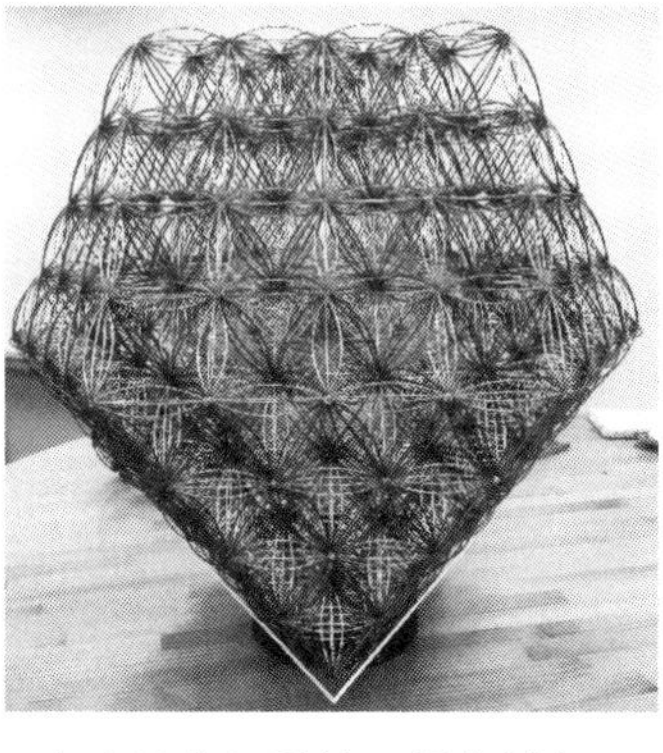

本来は奥と手前の部分がある
立体フラワーオブライフ

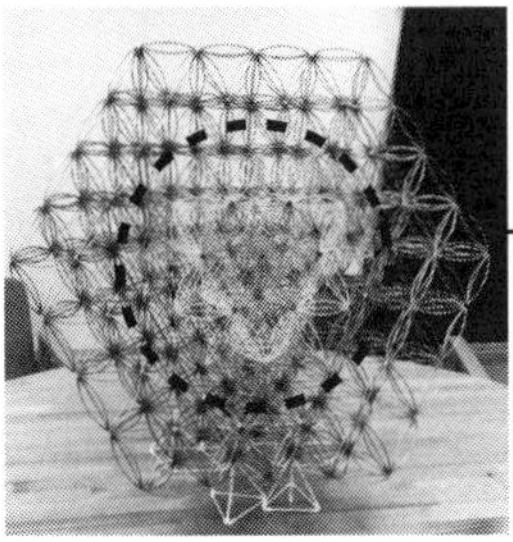

ベクトル平衡体とマカバを
組みあわせたものの
断面図が見られる

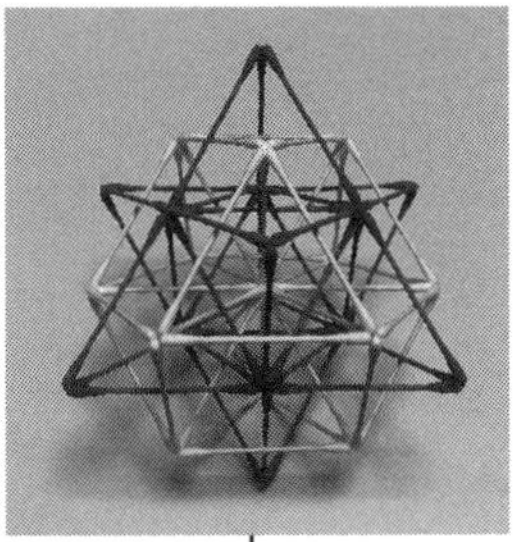

完成すると、中に入る
(点で支える状態で仕あがる)

これ（ベクトル平衡体とマカバを組みあわせたもの）には、遊びがあって（45ページ下参照）。

さらには回転している。

ただ回っているのではなくて、遊びながら回転している。遊びながら、です。

また、このベクトル平衡体とマカバは、それぞれエネルギーが違うんですよ。

そして、常に余裕をもたせている。どの立体にも、余裕があるんですよ。

余裕、つまり空間。むしろ空間だらけだった、っていうことです。

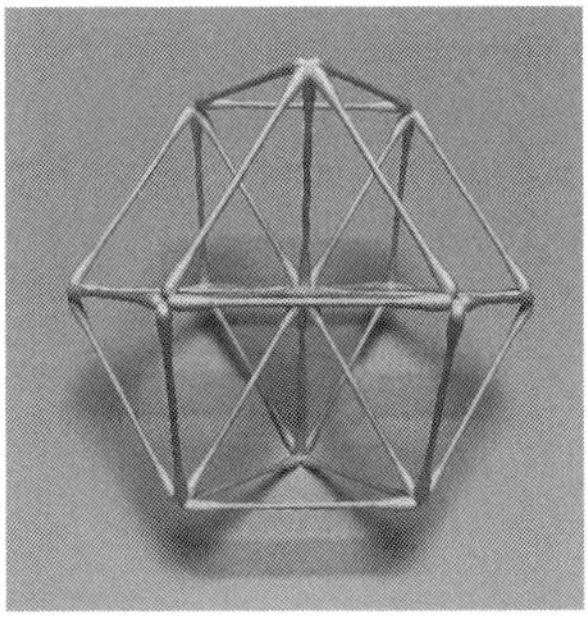

ベクトル平衡体

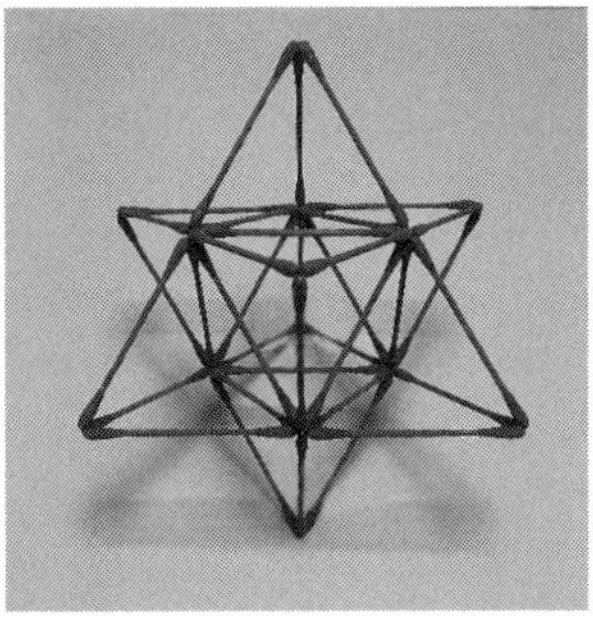

マカバ

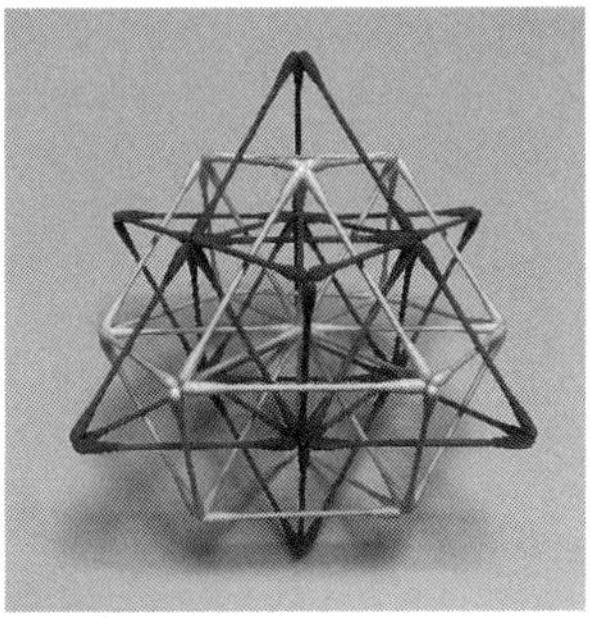

ベクトル平衡体とマカバを組みあわせたもの

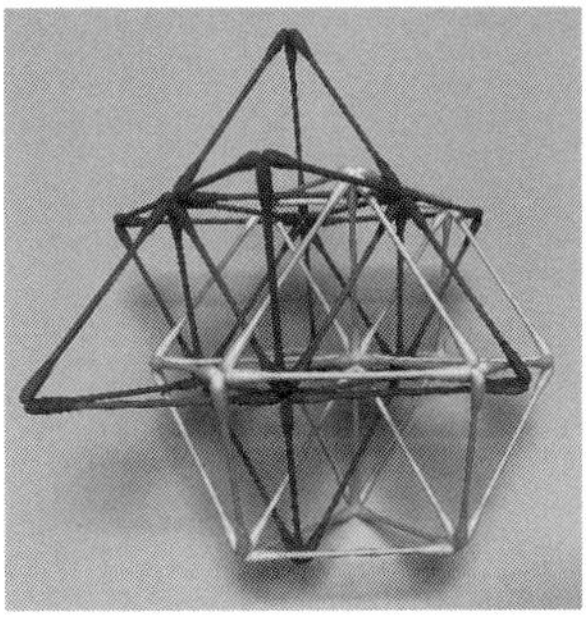

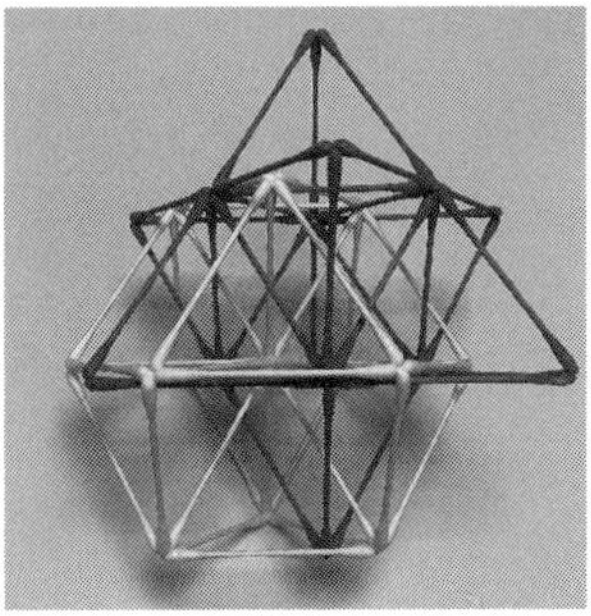

遊び（余裕・空間）があり、さらに回転している

フラワーオブライフがエネルギー体として世に出るまでに

トッチ　一つの構造のグリッドの中に、つなげていってあげるだけ。それですべては立体だった、という意識を、自分の中——内側から取りもどしていったら。人と争いたいとか、文句を言ってたいとかいう気持ちが、なくなります。そういう時間が、「すっげえもったいないねぇなあ」という状態になってきますよ。

さらに立体を作っていくようになったら、お互いの支えあいが必要だとわかってきますし。

こんなの、支えあっていなければできない形なんですよ（47ページ参照）。だから、今の、現代の僕たちには、できないですよ。

立体世界や、フラワーオブライフや、エネルギーの法則を求めて、それらが本当

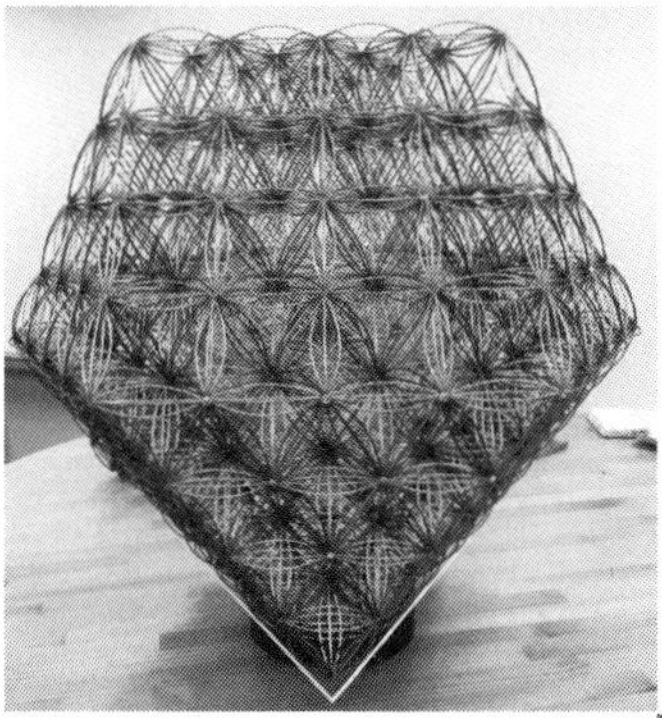

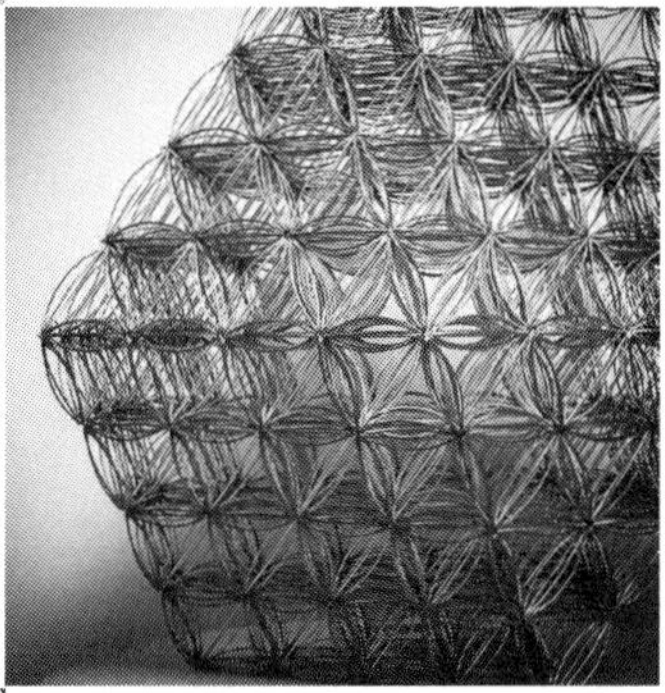

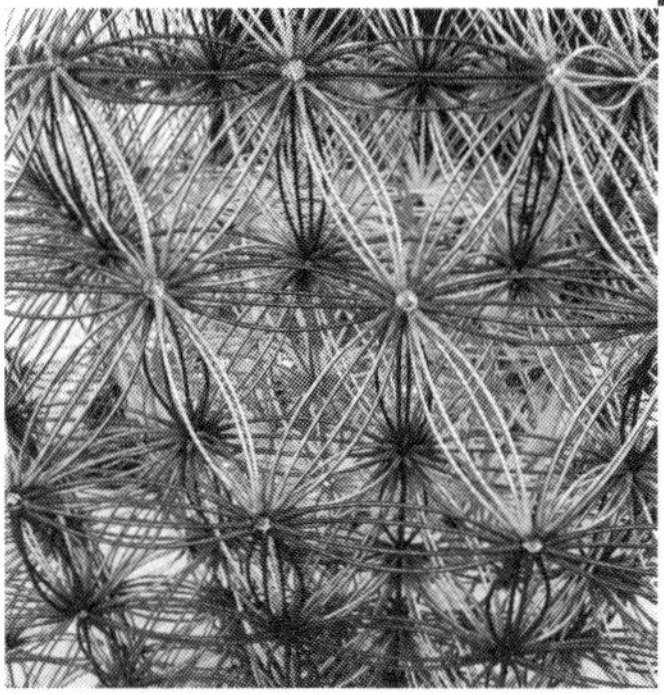

立体は支えあいで成りたつ
支えあいがなければできない形

にエネルギー体として世に出てくるのを待つには、まず、求めているものを、自分たちの中に戻してあげなくてはいけない。

立体を作ってあげると、それがエネルギーとして、手にいろんな形でのって、伝わって、残ってくれるんですよね。

つまり、作ることでインプットになる。

外に出すんだけれども、実際には中に入れる作業になるということです。立体の構造を。

作ることで、構造を自分の中に入れることになるんです。

例えば、立体を一辺４本の綿棒で作っている場合。

平らな面に置きながら作っているので、まずこういう形になるんです（50ページ参照）。

そこに、１本アールが入っているんですよ。縦に（50ページ参照）。

そこは、向きを変えると90度になっている。そして上から見ると、真っすぐになる状態（50ページ参照）。

でも、これが立体になっていくと、同じ構造なのに、少しねじれが生まれているんですね。

だから、同じであって同じでない向きがあるんです。これは、1本の綿棒で作っている時点では、気づけないんですよ。

つまり、それが、例えば羽――4つの羽だとしたら、違う角度の羽になっているような。そうすると、同じ中に変化が生まれるわけですよ。

僕と礒さんはヘンか、ですけどね。

礒　ヘンカなのか、ヘンなのか？　ですね（笑）。

立体を一辺４本の綿棒で作るとき

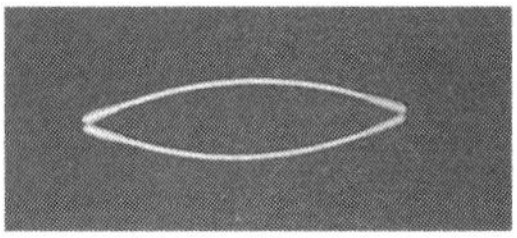

下の部分を平らにするため
まず２本で形づくる（上から見た状態）

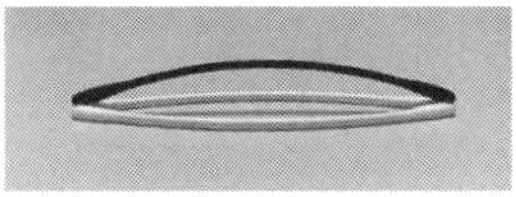

縦に１本アールが入る（横から見た状態）

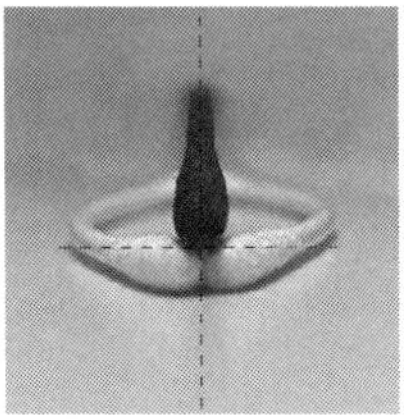

向きを変えると 90°

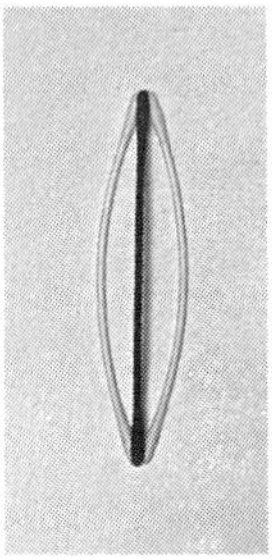

上から見ると
まっすぐになる状態

作れば作るほど、いろんなことがわかっていった

トッチ　遊びながら、一人ひとりが誰でも理解していける、進んでいける方法……といったら、こうして綿棒で立体を作っていくことしかない。

僕が、そういうことに間違えて気づいてしまったとき。そのときは、慌てました。漏らしそうになるわけですよ、大きい方を。トイレに駆けこむわけです。

そして、必死に考える。どうしたらこれを、多くの人たちに伝えることができるか。

作れば作るほど、いろんなことがわかっていってしまったんです。間違えてね(笑)。

それで、今までの自分の間違えを、相当くらったんです。思いしらされた。だか

ら、誰よりも打ちのめされました。

結果、あれ？　これは、エネルギーの法則性そのものだろ、というところまで行っちゃったわけです。

綿棒で作っていますけど、立体は、実際には渦《うず》そのものなんでね。

はじめ、僕は、これらの立体を金属で作って出そうとしてしまったんです。エネルギーをつくってしまおう、くらいな勢いで。

でも、そこじゃなかったんだ、というところに気づいて。

今それはできないんだ、今の僕たちの考え方を変えないと、あつかえないものなんだ、というところまで、気づいてしまったんです。

フラワーオブライフにエゴみたいなものをのせてしまったら、ものすごいことになるんです。

何と言ったらいいんですかね。そこまで気づいてしまうと、なかなか、伝え方みたいなものも、迷うというか。

だから、立体の世界は、フラワーオブライフは、世に出ていないんだな、というところまで行っちゃうわけです。

今の僕たちのままでは、出てこなくて当然だわ、というところまで行っちゃうの。

僕を信じてくれ、という話ではないんですけど、みんなが綿棒で立体を作っていって、もし、そういうことに気づいていけたらね。

真理はどこでも手にできる、子供にも伝えられる

トッチ　こんなに手頃に、真理を手にすることができるんですよ。綿棒とボンド、それがあればいいんだから。どこにでも売ってるし、どこでだってできるじゃないですか。

今の子供たちにだって、伝えられますよね。

学校では、ちょっと違う、本当のことじゃない教えがあったとしても。家にいるときに、本当の勉強しちゃえばいいじゃない。ヒマつぶしにもなるし。

そうしたら、立体的な思考がいつの間にか入ってきますから。

大人は、エゴがカチカチに凝りかたまってしまっているから、一旦、大変な状態を味わうようなことが必要になるかもしれないけれども。

子供たちは、余計なものがなければ、ムリに直す、といったことが起こらないまま、立体的な思考が入っていくかもしれないですね。

学校で、いじめや、いじめあいっこなんてしていたら、立体が、フラワーオブライフが、回らない。発動しないんです。

この世界は、いじめや競争なんかじゃなくて、むしろ認めあうのみ、という世界であるから。

本当は、今すぐにだって変われるわけです。

お金を持っている人は、持っている、でいい。

お金を持っていない人は、持っていない、でいい。

要らないのは、「ああ、自分は、なんて悲しいんだ」とか、「自分は苦しいんだ」というものだけで。それをつくっているのは自分だ、ということを、先に受けいれちゃう、ということ。

そのことに僕は気づいたわけですけど。

僕がそこに気づけたのが、この立体の世界を通じてだったとしたら、みなさんも綿棒で立体を作ってみる、やってみる、ということも悪くないんじゃないかと思いますよ。

この立体の世界が、本当に宇宙の法則だとしたら、言葉を超えたものというか、言葉より先にあるものだから。作って体感してもらうという方法でしか、伝えることができないというものでもありますし。

真理は言葉で伝えられない、体験でしか理解できないもの

トッチ　言葉にできない、言葉で伝えられない部分の方が大きいんですよ。例えば僕が、立体の中の、ある場所を指すとするじゃないですか（立体の裏側・表からは見えない部分）。

これをみなさんは、言葉で何と伝えます？

じゃあ、別の場所でもいいですよ。ここは、どうですか？

言葉にできないわけですよ。

だから、そもそも、言葉にして伝えられるようなものが真理なのではないと思います。真理は、言葉で伝えられないものなんだと思います。

これはもう、体験することでしか、向かっていってしか、理解できないもの。

今、そして今までは、意識を「外」に向けようというのが流れだったけれども。これからは、「中」を知る、ということ。

立体というのは、中心からしか作っていけないんですよ。

つまり、本来は「中」からできているはずなのに、その「中」自体を、「中」の仕組みを忘れてしまったら、中心を回すことができないじゃないですか？　ということ。

エンジンの構造を忘れてしまったら、機械も動かないでしょう？

そういうことを、今までやってきたことなんかに転写してみてもらえれば、なぜ自分があのときダメだったのか、ということが、理解できてくるんですよ。

僕の場合は、そこに「ああ、申し訳ないことたくさんしてたな」みたいなことを思って、反省が生まれてきたというか。

そういったことなんかも、なんとなくできるようになってきますしね。

これを、二元性の中にいたまま、直せるわけがないだろう、という話で。

「満たされている」というのは、本来は「ちょっと足りない」くらいのところなんだ、と。だから、常に満足をしようともしない、っていうね。

だって、どこかに居場所があって、毎日笑えていればいいわけでしょう？　たったそれだけのことでも、本当はよかったじゃないか、っていうね。

そういう生き方をしているのが、世界のいろんなところに住んでいらっしゃる、昔からの先住民の方たちなんじゃないかなあと思います。

だって、満足、満たされているというのを大きくしたいのであれば、一人ひとりが、そういうところ、生き方に戻るしかないじゃないですか。

「あ、競争じゃないなあ」みたいな。

勝ちたい人がいたら、勝たせてあげればいいじゃないですか。

境界線を越えようとするとき、必ず摩擦が生まれる

トッチ　僕たちから見た「山」は、宇宙から見れば「谷」ですよ。それは「中」から見ている状態です。

そうやって、とらえ方を変えてみる。小さい方から見てみたり、大きい方から見てみたり、ときに角度を変えたり。

そうしていくと、すべてを知ることができるわけです。

そのいろんな見方や、とらえ方というのは、経験というか、体験させてもらっているということなんだと思うんですね。

その内容は、日々、一人ひとり、違うんだと思うんですけれども。

そして、そこに、苦しいとか、ちょっと大変なことがあるんだけれども。

境界線を越えようとしたときというのは、必ず摩擦《まさつ》が生まれるんですね。摩擦というか、今までの状態ではなくなる。だからこそ、違う空間に行けるんです。だって、僕たちは、トイレに行こうと思っただけで、歩かなくちゃいけないわけでしょう？　それは、言葉を変えると「エネルギーが生じている」ということ。歩いているということは、どこかしらに摩擦が生まれているわけです。

こういったことと、普段やっていることや、自分の思考——思っていることや考えていることを照らしあわせていくと、今までの自分が、いかにエネルギーが回らない、回転が生まれない動き方や考え方をしていたか、ということがわかる。構造を通じて、なんとなく理解できてきたりするんですよね。

そうしたら、いつの間にか、答えだらけの中を通りすぎていた自分に、本当に照れてくるんです。「やべえ」ってね。

同時に、「知ってしまった」という、妙な感覚になってくる。ミョーな感じ。

この、綿棒で作った立体を、「宇宙の本当の仕組みだ〜!」と言ったって、今の価値観であれば、大半の人たちは笑いますよね。

でも、素材じゃないんだ、ということ。

それも、ものの見方でしょう?

図面を引くのは、立体を知っている人が使う技術

トッチ　僕がこれを「金で作りました」と言ったら、みんな、さらにマネできないじゃないですか。

しかも、構造そのものに、角度とか、増えていく数字の配列だとか、仕掛けてあったとしたら、なかなかわからないと思います。

また、図面を引くというのは、立体を知っている人が使う技術だと思うんですね。

なぜって、最初から「面」であるものというのは、ないんじゃないですか？　僕たちの身体も、皮膚があって、筋肉があって……というように、多重構造になっているでしょう？

それは次元も同じで。立体的になっていて。

なおかつそこには、いろんな次元が、時折重なりあったりしているわけです。

この立体も、よく見たら、筋肉みたいに収縮するんですよ（63ページ参照）。

でも、収縮するから、逆にバネになって、常にエネルギーを分散できるわけです。

これを、本当のエネルギーとして考えてみてください。どこかしらが「常に動く」ということです。

僕たちの身体も、心臓だとか、どこかしらが絶対に動いてくれているじゃないですか。

そこにまた、いろんなものを、流しているわけでしょう？　その動きがずっと続

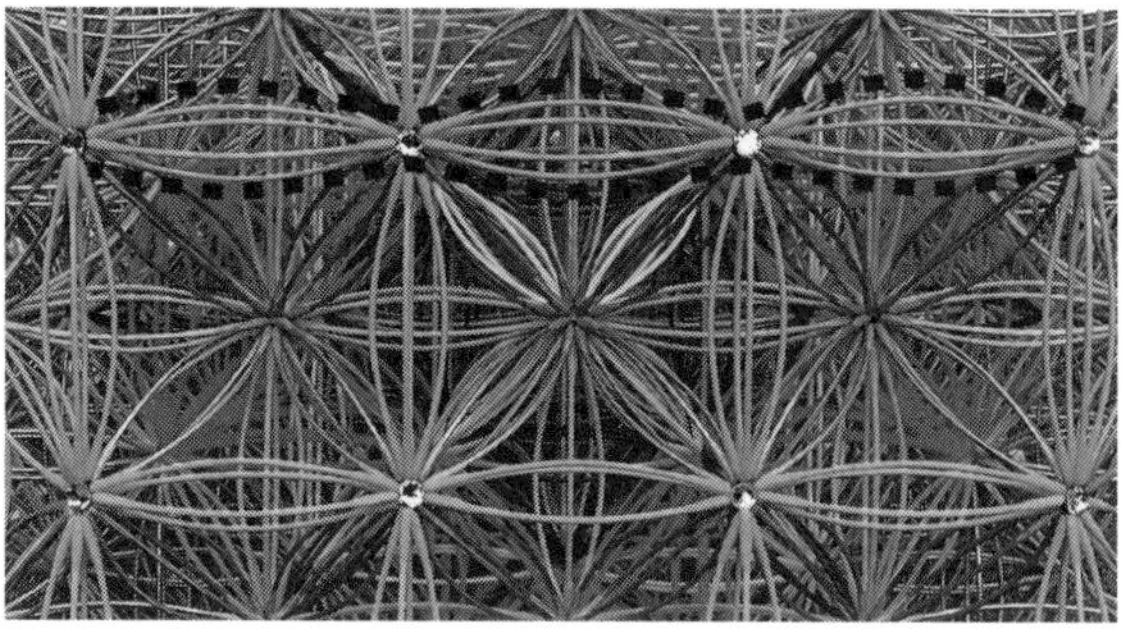

立体も筋肉のように収縮する

くように。その流しているものというのは、僕たちが血液と呼んでいるもの。

これが地球だったら、マグマだったりですよね。鉄分を含んでいるわけだから。

これは血液と一緒じゃないか、というね。見た目が違うだけで、同じものだ、ということ。違うものとして見ていただけだった、ということ。

海なんて、僕たちの汗でしょう?

これも、同じだった、っていうね。

だから、例えば、地球というのは自分たちのことだった、ということ。

だとしたら、大変なこととしてるよ、ということですよね。

そういったことが、先ほどの儀さんのお話にもあったように、麻の葉模様とか、七宝模様とかが、真実をあらわしていたのだとしたら。

なんで、そこらへんにあるのに、通りすぎて来てしまったのか、なんてもったいなかったのか、ということですよね。人生かけて通りすぎていた、ということ。

怒っている時間は、もう、もったいない

トッチ　今、笑い声が聞こえましたけど。

そういう、少しでも「やっちまった」っていう笑い——ちょっと照れが入っている笑いと、おかしくて笑う笑いって、少し違うじゃないですか。

多分、そういった照れの含まれた笑いが出たときにだけ入れる、ゲートみたいなものがあるんですすよ。

それは、張っていたものがゆるんだときの、振動みたいなもの。それが波動とい

うか、そういうものと連結しているんじゃないかな、と思います。

だから、波動を上げるには、そういった照れ笑いみたいなものが必要で。

それって、自分の何かを受けいれた瞬間だと思うんですけど、そこなら、こういう、少し難しそうなお話も入りやすいといいますかね。

真面目に知ろうとすれば、本当に難しいから。

ちょっと今までと違った自分を、実際に演じるというか、演出したって、いいじゃないですか。「ワザとですから〜」って言ってね。


本当に、そんなふうに、みんなで遊びながら、それぞれで理解していたら、誰かが何を言おうが、何をやっていようが、応援するのみですよ。

応援しあうのみ。一人ひとり、お互いを。

そうしたら、結構いい国になると思いますよ。お金とかを超えたものを持つ国ね。

そしたら、そのときなんて、みんな、本当にやりたいことを仕事にすればいいわけであって。

誰に評価されるとかもないし。評価しあうだけで。

そういうので、いいんじゃない？


怒っている時間は、もう、もったいない。

イライラしている時間ももったいないし、ねたんでいる時間ももったいないし、その時間があったら、同時に綿棒でもくっつけていってみなよ。

同時でいいから。「あんのヤロー」って思いながら。

そしたら、うまくくっつかなくて、ゆがんだ形ができて、「こんのヤロー」ってなるから（笑）。

そしたら、何かが壊《こわ》れるでしょう？　その後は、妙にスッキリしてくるから。

でも、そのときに使った綿棒を、ただ捨てるのではもったいないから、それを袋か何かに入れて、クッションにするとか、また違った形で、何にできるかなあって、考えてみて。その、壊れたものをね。

そういうことを考えている時間だって、いろんなアイデアを降ろしてくれると思いますし。

自分がそこにエゴさえのせていなければ、宇宙がいろんなヒントを勝手にポーンと入れてくれるから。

そうなると、こう、僕みたいに前歯が欠けても、「なかなかおもしろいじゃないか」と、治してやらないということになってしまいますけども（笑）。

これで歯がダメになったとしても、それではダメだ、とかいうのは、人が決めるものじゃないし。おもしろくなるまで、ちょっと進んでみようという状態になってきて。

それで誰かが笑うなら、それでいいじゃないかと（笑）。

第2章

平面次元＝くらべる次元を卒業する

神聖幾何学を学ぶからこそ体験できる、無限なる奥行き

礒　たとえば「太陽系を想像してみてください」と言われると、真ん中に太陽があって、まわりに水星や金星などの惑星があってと、だいたいこんな感じで太陽系を平面としてとらえてきたわけですね（71ページ参照）。
ところが、実際には地球、そして太陽系は、とんでもない高速回転で、螺旋《らせん》運動を繰りかえしながら、宇宙のある一点（中心）に向かって動きつづけています（71ページ参照）。

地球は、わたしたちとともに、1年間におよそ36億キロメートル宇宙空間を移動しているといわれています。思えば当たり前のことですが、宇宙も太陽系もまた、立体だったのですね。

「太陽系を想像して」と言われたとき

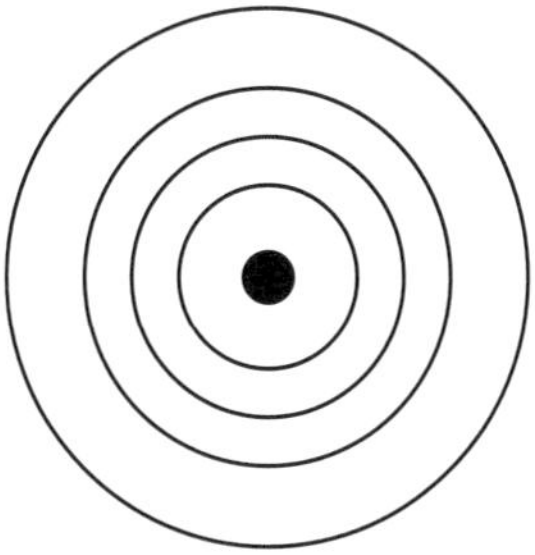

これまでは、太陽を中心として
平面としてとらえていた

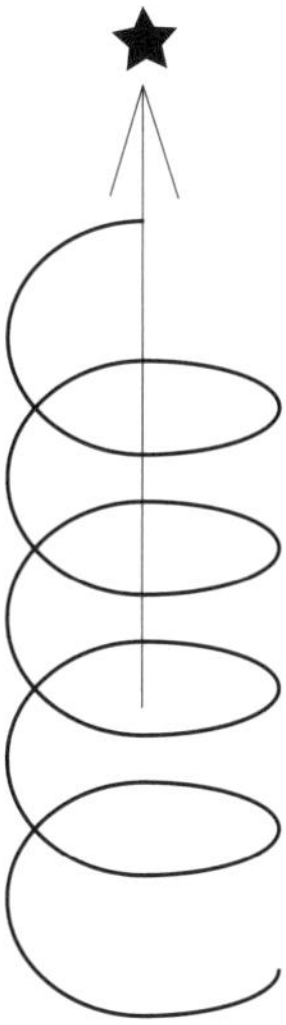

しかし実際は、とんでもない高速回転で
螺旋運動を繰りかえしながら、
宇宙のある一点に向かって動きつづけている

立体であるということは、渦《うず》をつくりながら動きつづけているということになりますし、その動き方や速度も、法則性にのっとったものであるわけです。止まったら終わってしまう。過去の一点に執着したまま変化を恐れていては、進めないということ。法則性に合わせていくということは、中心に向けて変化しつづける、奥行きへと進みつづけることですね。

宇宙そのものを含め、宇宙を構成するすべての存在が、法則性の中でしか存在しえない。

動きつづけ、変化しつづける法則性の流れに、わたしたちも乗っていく必要があるのです。

法則性には幅がありますが、この幅の外側では存在が成立しないことを、神聖幾何学の学びを通じて理解しておくことが大事だと教えていただきました。

宇宙空間の中には、いくつも異なる周波数の層があって、太陽系、地球が異なる周波数の層を越えていくタイミングでは、層に合った周波数への変容を求められます。わたしたちが暮らす地球や太陽系が新しい周波数の層へ移行するにあたって、地球もまた周波数を変えながら対応していきます。

神聖幾何学の立体を作ったことのあるわたしたちは、中心に向かってどのような軌道が描かれ、どのように周波数の変化が訪れるか、頭ではわかりはじめていきます。

ところが、立体意識の領域では、頭でわかっているレベルは知らないことを意味するので、実際にどのように対応するのかを行動で示すことができるようになるところまで、真理に向かっていく必要があります。この領域（意識を形としてあらわしていく過程）に、神聖幾何学を学ぶからこそ体験できる、無限なる奥行きが存在していて、この奥行きから情報を集めながら、与えられた状況におもしろく対応していける精神性を身につけることに真髄《しんずい》があるのだと思います。

知った気になった瞬間に、また、自我意識を持ったまま つき合おうとした瞬間に、法則性の方からはじかれてしまうのです。

このままの意識状態でいるなら、法則性の幅の外側にはじき飛ばされてしまう

礒　地球人類は、法則性の存在を意識化できない状態で、長らくの間、自我意識にもとづいて過ごしてきました。

結果、目に見えない普遍真理が、可視化できる状態となって目の前にあらわれても、まだそれがどれほどの奇跡なのかを認識できないほどの位置まで堕落《だらく》してしまった。

一方で、太陽系も地球も新たな周波数の層へと突入している。地球の周波数、回転数も、法則性にのっとって日々加速しています。あらわれとしての形すら変わってしまうほどの大変化が起こることも、想定内なのだと思います。

もし、わたしたちが今のままの普通の生活が続くことを前提に、このままの意識

の状態でいようとするなら、宇宙レベルの大きな変化にはとても対応することができないばかりか、法則性の幅の外側にはじき飛ばされてしまうことまで考えて、先手を打ちながら意識を一式変えていくことが求められる段階に、すでに至っていると思うのです。

だからこそ、今というタイミングで奇跡的に法則性が可視化できる状態で目の前にあらわれているのですね。手や身体、五感を通じて、情報やエネルギーを同期することのできる、限られた時間の中にいるわけです。

神聖幾何学はみんなのものだと語っている人がいますが、法則性をあつかえる精神状態に達していない方々がそのように語るのは、無責任だと感じます。

所有の概念をはるかに超越した根源的な存在。太古よりありてあるもの。たったひとつの不変なる真理、神聖幾何学は誰のものでもありません。我々の方が、ありてあるものの働きのおかげで存在しているのですから。

3が回転をはじめると渦が生まれる、違いをつくりだす

トッチ　先ほどもお話ししましたが、僕はいつも、立体に色をつけたりして、ヒントを入れていたりするんですよ（表紙参照）。

そういうことをまた、読みとっていただけたら、こうしてお話ししている内容が伝わる幅も、ぐっと広がるんじゃないかなと思うんですね。

今日作ってきたものは、外側に金と銀と銅の色をつけているんですけど（77ページ参照）。

これがもし、金属で作ってあったとして。この立体の構造そのものに電気を流したとすれば。

金属によって、電気の流れる速度というか、変わるんですよ。そうすると、この

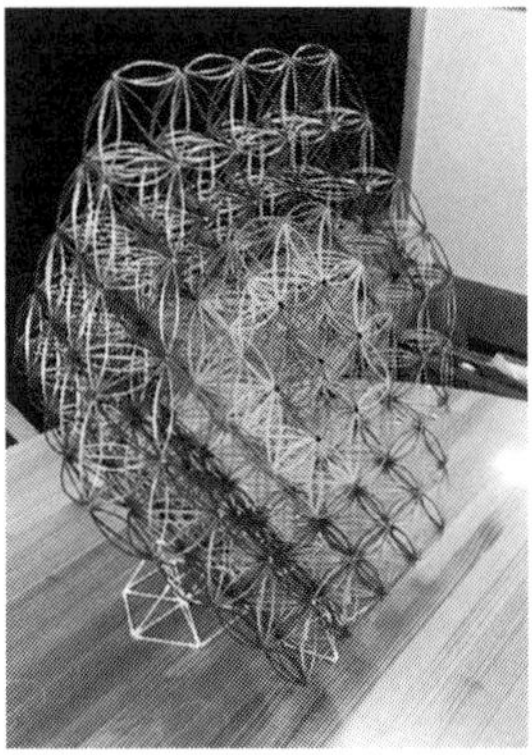

半分の状態

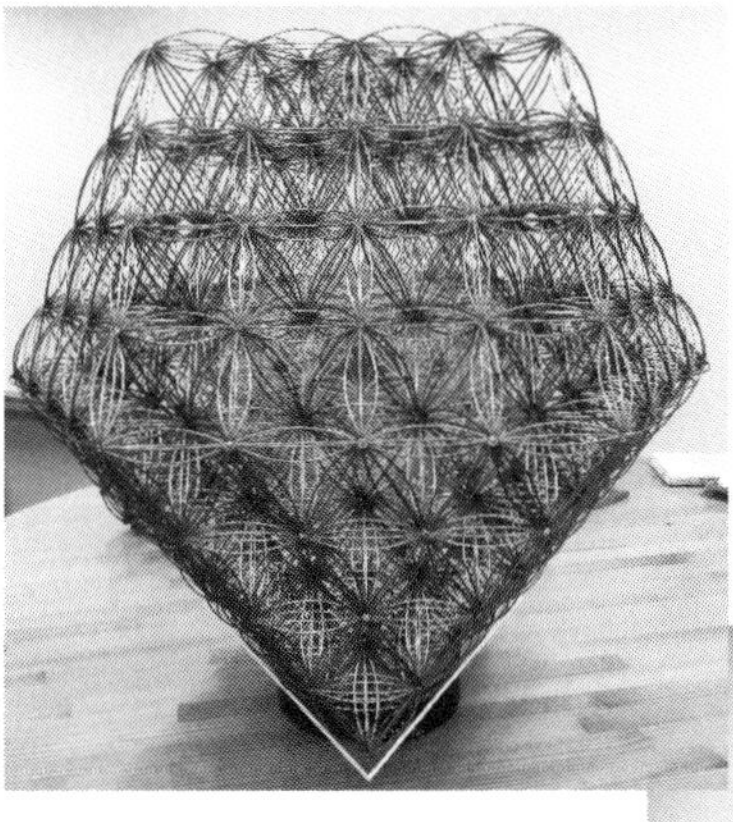

完成した状態

今回登場した立体
外側に金・銀・銅の色づけがされている

構造の中に「差」が生まれるわけです。

３つの変化が起きる。３が生まれるわけです。

そして、３が回転をはじめると、必ずそこから渦《うず》が生まれるんです。つまり、４つ目が生まれてくるというわけです（79ページ参照）。

渦の先端が、一つの合わさったものでしょ？

そして、そこでまた、コンパスみたいに円を描いてあげると、小さい方と大きい方になって。

３という数字がつくりだす渦。つまり、違いをつくりだすわけですね。

同じものの中に違いをつくる。だから、同じ人間という中に、一人ひとりの違いがつくられているわけです。

同じにしないこと、違いがつくられていることで、いかにエネルギーが生まれるか。

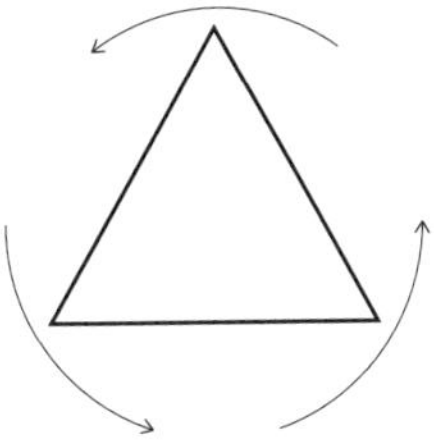

3が回転すると渦が生まれ

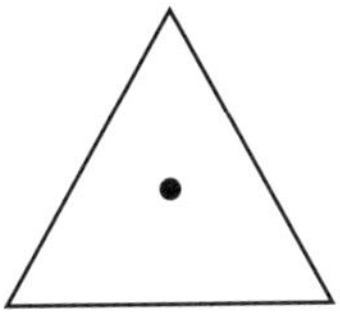

4つ目が生まれる
渦の先端が合わさったもの

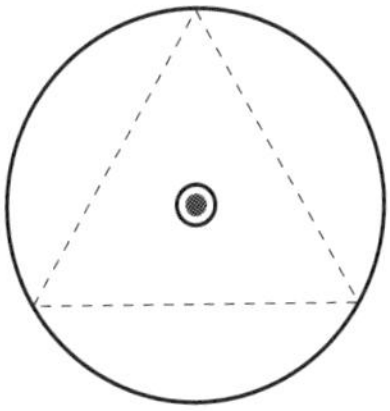

円を描くと小さい方と大きい方ができる

しかも、より細かければ、より繊細に回ってくれるわけです。

ただ、ときにはちょっと高い波も必要になる。ときにはね。

でも、その変化する急激なところというのは、同時に、一番エネルギーが強いところでもあるから、僕たちが本当に何かを受けとろうとすれば、エネルギーというものが、一番回るポイントでもあるんですよね。

それは、「中」でもそうだし「外」でもそうです。

笑っちゃうくらい、すべてこの立体構造でできていた、と気づいたとき。仕組み的に、この世のすべてが、この立体じゃないか、ということになってくるわけですよ。

ウソでしょ～？　って。こんなことに気づいたら、まともに生きていられないです。「ブッ」って、オナラしたくなるわけですよ（笑）。

そして、それを知らないで生きるということが、いかにもったいないかと感じる。

レイシセンダン葉のど飴

商品価格：4,860円（税込）

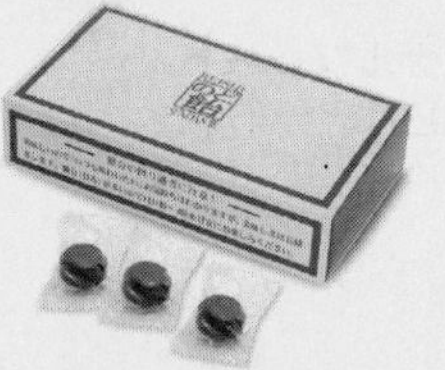

口腔内は体内へ続く大切な玄関口です。少しでも喉に違和感を感じたらおすすめしたい、霊芝とセンダン葉のダブルパワーのど飴。霊芝の苦さに、センダン葉のハーブの味を合わせた「甘苦い」新しさです。免疫にかかわる機能を活性化するというβ-グルカンを含む霊芝に、昔からさまざまな面で生薬として用いられるセンダン葉の成分が、体外から入る幅広い脅威に対して予防となるでしょう。口内炎やインフルエンザになりやすい方、からだが弱い方は風邪の時にもおすすめです。舌下に置いてゆっくりと溶かし、口腔内に膜を張るようにしてお召し上がりください。上気道に成分が滞在するので、より、予防に期待できます。

※特許取得品（特許第5578646号）

※日本食品分析センターによる独自のウイルス不活化試験において、驚きの数値が確認されています。試験ウイルスはインフルエンザウイルスＨ１Ｎ１（財団法人日本食品分析センター　第209040684-001号）

内容量：１箱60g（４g×15個）／原材料：水飴、グラニュー糖、黒糖、ハチミツ、霊芝エキス末、霊芝黒焼粉末、香料、センダン葉エキス末、ビタミンＣ

白姫 CBD オイル evolution Ⅱ

商品価格：16,200円（税込）

大人気「白姫ラボ」の、スーパー成分を複数配合した CBD オイル。高純度 CBD の他、心の安定、抵抗力の向上、ストレスを解消させる働きを最大限に高める成分が含有されています。さらにナノ化技術を導入し、吸収率と伝達率も引き上げています。受容体を保護して脳の働きを高める「クルクミノイド」、代謝を助ける「スーパーケルセチン」の他、「β－カリオフィレン」、「インカインチ」、「ヘンプシードオイル」を合わせたスーパーフードが揃った設計で、ストレスコントロールの中枢でもある脳幹のシステムを高めることに集中して働きます。

内容量：30ml／CBD：1000mg含有／原材料：麻種子油、サチャインチ種子油、麻種子油抽出物、ツバメの巣エキス末、グルコース、マルトデキストリン、β－カリオフィレン、レシチン、微結晶セルロース、ウコン色素、キシロース、酵素分解レシチン、ヒマワリレシチン、ケルセチン、二酸化ケイ素（一部に大豆含む）／使用例：1日、スポイトの7分目を目安に舌下に垂らしてお召し上がりください。１分ほど含ませるのが理想的です。食品ですので、摂取量に特に制限はありません。

※乳化剤を使わないため沈殿が起こりますが品質に問題はありません。

天然酵素水

商品価格：5,650円（税込）

生産者・技術者の想いを結集したオススメの「酵素」の栄養ドリンクがコチラ。梅や栗、おからや糖蜜など、日本古来より体に良いとされてきた高波動の原料から抽出したエキスを、300年以上の歴史を持つ老舗酒蔵にて複合発酵という独自の技術で醸造。さらに「神に通じる水」と評価を受けた、富士山の雪解け水が300年以上経過した貴重な水を使用しています。免疫系、腸内環境、代謝、美肌効果など、豊富な酵素が飲む人の体内で善玉菌と結びつくことで体全体を整えていきます。１日に原液30mlを目安にお飲みください。水やフレッシュジュースなどで薄めてお飲みいただくこともできます。500倍程度の水で希釈したスプレーを用意すれば、お肌ケアのアイテムにも。

内容量：1000ml／原材料：水（富士の伏流水）、松、梅、枇杷、栗、桜、竹、イチジク、桃、柿、オカラ、糖蜜

※直射日光および高温多湿の場所を避けて保存してください。

※開栓後は必ず冷蔵庫に保管し、１～２か月を目安としてお飲みください。

※自然の原料のみを使用しているため、発酵具合により色味や味に差異が生じる場合があります。

Swattoko（スワットコ）

商品価格：各7,700円（税込）

スタンダードタイプ

ゆったりタイプ

日本人の１日に「座って過ごす時間」は、世界で一番長い平均7時間。良くない姿勢で長時間過ごすと、背中や腰に負担がかかり、骨盤が歪んでしまうことも。「猫背」は肩こりや腰痛、消化機能の低下など。「反り腰」はむくみや慢性的な腰痛、〝ぽっこりお腹〟など、あらゆる不調に繋がります。理想的な座り姿勢は、骨盤の中央にある「仙骨」が立つ状態ですが、これを維持し続けるには根気強く癖づけるしかありません。Ａ4サイズ、250gというコンパクトさでありながら、「Swattoko」はただ座るだけで仙骨が立つマットです。老若男女問わず、座り位置もその日のコンディションや用途によって自由にお使いいただけます。移動中の乗り物やオフィス、観劇の座席や旅行先にも携帯可能なので、生活にフィットして無理なく理想的な座り姿勢を癖づけることができます。乗り物で長時間移動する際や、お尻にゆとりが欲しい方は、ゆったりタイプがおすすめです。

サイズ：幅340mm×奥行215mm×厚み約14～24mm／重量：［スタンダードタイプ］約250g［ゆったりタイプ］約280g（※マット本体のみ）／材質：［カバー］ポリエステル100%、［マット］黒：クロロプレンゴム、黄：EVA樹脂

シリカエナジー

商品価格：50mℓ 4,320円（税込）／500mℓ 43,200円（税込）

水晶に炭を加えて高温加熱し、炭酸ガスとして酸素と炭素を逃がして生成されたシリカを、九州屈指のパワースポット高千穂の麓、霧島神宮付近の地下144mから汲み上げた「始元水」の中で天然熟成させてつくられた、エネルギーの高いシリカ水です。シリカは人体の組織同士を繋ぎ、骨や臓器、血管、皮膚、爪など多くの部位に含まれる必須ミネラル。体の若々しさである柔軟性・弾力性にもかかわり、欠乏すると体は酸化し免疫力も低下してしまいます。さらに、シリカはメラトニンを分泌するので、体内時計を調整している脳内の松果体（第3の目）も活性化。人間にとって欠かせない元素なのです。「シリカエナジー」のシリカは、超細粒子化されているため浸透力が抜群に良く、濃度も5760mg／L。無色透明で無味無臭なので、お水のほかコーヒーやスープに少量入れたり、お料理や炊飯の際にも加えることができます。

名称：水溶性珪素含有食品／栄養成分表示（1000mlあたり）：シリカ（水溶性珪素）5760mg、カリウムイオン403.0mg、サルフェート38.4mg、カルシウムイオン32.6mg、ナトリウムイオン14.8mg、マグネシウムイオン7.0mg（試験依頼先：社団法人鹿児島県薬剤師会試験センター）／使用目安：コップ1杯（200cc）に対し、5～10滴を飲料水に入れて１日４回以上を目安にお召し上がりください。

LED光触媒和紙スタンド

商品価格：55,000円（税込）

太陽や蛍光灯の光を当てるだけで、有害物質を分解し、除菌・消臭ができるという、酸化チタンによる光触媒の化学反応作用が報告されています。この作用をより引き出すため、酸化チタンを微細粉末化。さらに世界初の和紙にすき込む試みで表面積を増やし、空気中の有害物質をより多く吸着・分解することができるようになりました。この和紙は、大腸菌などの菌類、悪臭の原因物質、大気汚染物質ホルムアルデヒドなどを強力に分解します。その和紙を使った「LED光触媒和紙スタンド」は、内側から光を当て続けることで、電球の熱が分解後の水と二酸化炭素の放出を助け、空気の浄化がさらに早まります。インテリアとしても白色の程よく柔らかい光を放ち、和室・洋室どちらにも似合う和紙スタンドです。使用しているお客様からは、「気になっていたペットの臭いがなくなった」「人体にも無害で安心」という好評の声が。アルコールなどを使わず除菌・消臭ができる、画期的なアイテムです。

サイズ：高さ47cm×縦34cm×横34cm／重量：470g／付属：電源コード、LEDライト、光触媒和紙スタンド

構造が生みだすエネルギーというものが、神様というもの。言葉を変えたら、プラズマ。

だから、科学でもあり、自分たちでもあり、それはまた、音でもあり、それはどういったものだ、ということを説明する言葉でもあり、色でもあり。

そういう、立体的な感覚を手にすることができれば、結構、できることが増えると思います。圧倒的に増える。

今までやってきたことを、いろんなかたちで表現できるんじゃないかなあと思います。

逆からのエネルギーもまた、同時に生まれる

トッチ　言葉というものによって、勘違いしていたということ。違うものだと思っ

ていたということ。そうではなく、全部、同じものだった、ということ。

人もそうだし、国もそうだし、神様もそうだし。

そのときの自分が、どこを見ようとしているかによって、それを固定化させて、勝手にそれが「そうだ」と思いこんでいるだけで。

常に、見えている世界も変化しているわけですよ。だから、止まっているものは、何ひとつないということです。

けれども、逆から来ているエネルギーというのも、同時に生まれるんですよ。

今までは、例えば人が歩いていたら、一方的に、右から左に進んでいると思っていたかもしれない。でも、まわりの空間は、逆に左から右に移動しているわけです。見えないかもしれないけど（83ページ参照）。

ものを見るときに、必ず、逆からのエネルギーがある、と見なければいけないということです。

だから、「自分だけ」というふうに思わないで。

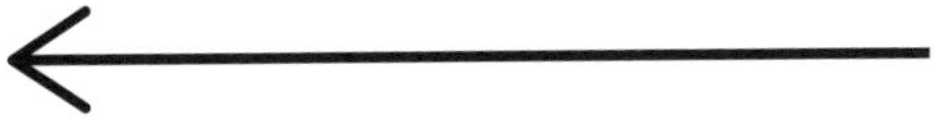

右から左に進んでいると思っていたが

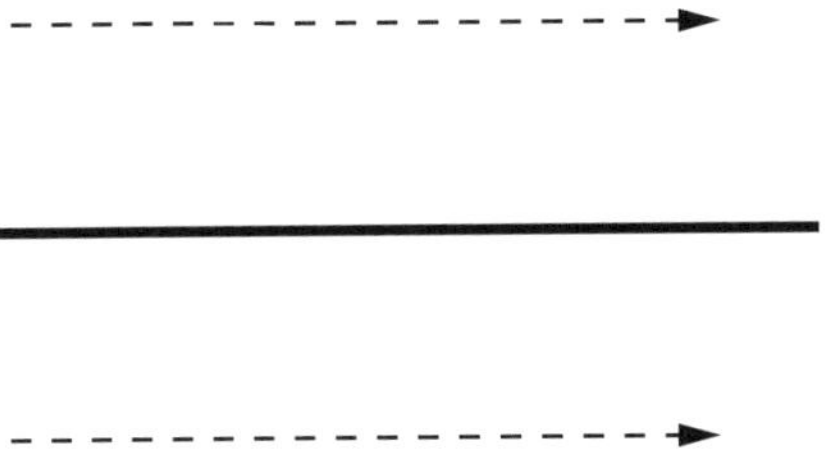

まわりの空間は
逆に左から右に移動している

さらに尺度を広げてみれば、その逆のエネルギーを含めて、全体まとめてひとつだった、というようなところにいくわけです。

そうすると、いちいち怒っていることが、いかにムダなことか、とわかる。


今、言葉の中に「おこっている」とありましたけど。

自分が感情的に「怒っている」と、今現象として「起こっている」こと。

それが、イヤなことでしょ？

多くの人たちが、イヤなことを考える、思う。思っちゃっているわけ。願掛けを、常日頃からしてしまっている、ということ。

見えない方が先だから、頭の中で「あのヤロー」と思ったら、それが見える世界としてあらわれるわけですよ。すごくシンプル。

だからそこに、おもしろいことをのせられようになればね。


これ、「おもしろい」が重要なの。「欲」ではダメなわけ。

そしてこの「おもしろい」という中には、多かれ少なかれ、大変なことも含まれるわけです。

簡単だったらいいだろう、と思うかもしれないけど、この世には、まったく何もなく、「真っすぐ」という動きはないんです。そもそも、最初から。

最初から、この世に直線は存在しないんです。直線に見えているだけ。

僕たちの目のレンズを換えて顕微鏡で見れば、直線は、細か～く波を打っている。

それを考えると、僕たちはかなり勘違いをして、ものごとを判断して、人を見て、勝手に苦しんで……の繰りかえし。

そもそもの、固定化してしまった価値観や考え方を変えない限り、まったくもって本当のことは見えないようになっている。しかも、見ていなかったのは自分だった、ということですね。

それを理解するのに近道なのが、綿棒で立体を作ること。ちょっと試《ため》してみたら、あれ？　っていう状況になってくる。しかも、何か、整ってくると。

はじめはゆがんでしか作れなかったのに、回を重ねるうちに、なんだかわけがわからないけど、きれいにできるようになっていって。整ってきたら、綿棒の重なった部分が、すごく気持ちよく通るなあ、というときに。

エネルギーが「あれ、通ったなあ」みたいな。そんなことが、起きてくるんですよね。

作るのものが大きくなればなるほど、見えてくるんですよね。

そして、大きいものを作っているんだけれども、それは同時に、小さな立体を細かくしたようなものが、目の前にあらわれるということでもある。

大きいものを作れば作るほど、目で見ているのは、実際には細かいミクロの世界になっていく、という。

このことに気づいていけると、綿棒で立体を作るというのは、非常におもしろい作業というか。遊びですね。遊びでしかない。

ズラしてみないと気づけないように設定されている

トッチ　ベクトル平衡体というのは、三角しか作っていかないんですよ。ひたすら三角を作っていくだけで、四角が生まれてくるんです。「死角」が生まれてくるわけです。

だから、6を重ねていくだけで、そこに「四角」「死角」が生まれてくる。立体になっていくから、そこに、見えなくなっていたものが見えてくるようになる。「四角」が「死角」が、あらわれるわけです。

四角というのは90度で、三角というのは60度。

では、さらに半分は？

僕たちは、6と9しか見ていないけれども。さらにそこには、半分にした数字もあるじゃないですか。

そうすると、30という数字が出てくる。これは369（ミロク）であって、3で割ると123（ヒフミ）でもある。


そういった、いろんな本に書かれているような——何と言ったらいいのか、表現のようなものが、全部あてはまっていっちゃうわけです。

古代から言われていたというようなことが、構造として、あてはまっていっちゃう。

だから、古代からあるものというのは、物語というよりは、構造やシステムに関することだったと。

ズラさなければ、起きあがらせること、立体化することができないように、見えてこないように、最初から設定されているということ。

本には大切なことが書かれているけれども、本の方からズラしてくれることはないので、自分がズラすしかない。

書いてあること、言われていることを、そのまま受けとってしまったら、永遠に気づけないようになっている、ということ。そういうことが、いろんな歴史を紐解いていくためのカギにもなっているように思います。

自分の「中」が動かないものを、入れない

トッチ　構造、エネルギーのことがわかってくると、「中」と「外」というのが、本当に重要だとわかってきます。

自分とまわりがハッピーで、はじめて「中」が回りだす。

「あいつがイヤだ」と言ったら、そのまわりに必要なエネルギーがなくなってしまって、自分そのものが回らなくなるという、すごくシンプルなことなんですよね。

究極を言ってしまえば。

でも、こういうことを言葉にして聞いたとしても、頭でわかっても、結局は、わかってないいんですよ。

なぜ「わかってない」と断言できるかというと。そもそも最初から平面次元で考えているから。

「平面次元」というのは、くらべる次元。「イエス」か「ノー」か、「正しい」か「正しくない」か、という二元性の中に生きているから。

その時点でもう、理解できないようになっているわけです。くらべているうちには、理解できない、ということ。

だから逆に、本当に、自分の中に、エゴを超えたものを入れる。

何と言ったらいいのか……余計なもの、本当は必要のないもの、魂が望んでいないもの、ですよね。言ってしまえば。そういうものを、入れないようにする。

自分の「中」が動かないようなものを、入れないようにする。

自分が変わらないと共時性が生まれないから、思うものがあらわれないんですよ。

本当に、「まわりが悪いのではなかった」という意識でいることを徹底すると、奥に進めるようになっているものだと思うんです。

だから、「キライな人」というのは、本当は「ありがとう」を言わなくちゃいけない人たちだった、というところかもしれないですね。大切なのは。

そういうふうに進んでいけたら、エネルギーを分散できる。分けあえる。与えあえると言いますかね。

根本的な考え――自分たちがふだんから思っていることが、こういう考え方であれば。そういうところにたどりついたら、本当に素晴らしいエネルギーシステムが、地球上に構築されるんじゃないかと思います。

その日には、本当に自分たちが望んでいた世界がやってくると思います。

本当に望んでいた世界ですよ？　今まで、目で見て「ああいうの、うらやましいなあ」とか思っていた世界ではなくて。本当に、望んでいた世界。

そしてやっぱり、もっと自然があった方がいいんじゃないか？　っていうところですよね。

以前もお話ししたと思いますけど、葉っぱの「葉」というのは、「波」でもあり、「刃」でもあり。

自然というのは、そういう「波」が、たくさんあるわけです。

そこにアール（半径）がついていて、すごく細かく繊細に、カットしてくれているんですよね（93ページ参照）。

自然の中で、エネルギーが気持ちいいなあと感じるのは、そういう「波」のおかげですね。

僕は「歯」が欠けてますけどね（笑）。

自分で自分を笑えるっていうのは、すごくハッピーなことですよ。

「葉」であり
「波」であり
「刃」であり

アールがついていて、細かく繊細にカットしてくれる

第3章

フラワーオブライフへの真の理解が岩戸を開く

髪形、神形、究極の体験

トッチ　立体っていうのは、作っていくと、非常にヘンなところに連れていってくれるアイテムでもあるんですよ。意識を本当にあつかえるようになってくると、おもしろいところに行けるようになるんです。

この構造が、連れていってくれるんですね。

このあたりのことは、言葉では説明できない部分でもあるから、みなさん自分で挑戦してみてほしいなと。勝手に確かめてみてほしいなと思うんですけど。無理やり知ってくれ、という話ではないのでね。これは、誰でもできるので。

それで、昨日、僕一人で、立体を作っていたんですけど。その最中に、ミョーなところに行っていたんです。

そこへ、礒さんが来ると連絡が入りまして。

礒さんがやって来たら、真顔で笑わせなくちゃダメだ、ということを思いついたんですね。

何で笑わせるか？　といったら、髪型だなと。

礒　神の形ですね。

トッチ　そうですね。髪形。神形。

僕が今、ちょっと悩んでいるのが、この頭を見せたら、みなさん、家に帰るころには、全員同じ髪形になってしまってるんじゃないか、ということなんですけどね（笑）。

礒　共時性が生まれるわけですね。

トッチ　みんなやりたくなったら、困っちゃうんじゃないかな、っていう。そんな髪形です。

礒　でもそれもまた、宇宙の真理ということで。

トッチ　その勇気が、みなさんにあるかどうか、というところだと思うんですよ。

礒　後に続け、ということですね。

トッチ　逆にもし、この形こそが宇宙の真理だ、この髪形こそが宇宙の真理だ、この髪形にするしか先に進む方法がない、というときに、みなさんがどういう心境になるか、という。究極の体験でもあります。

礒　この鍵を手にすれば、中に入っていける、ということになったときに、鍵を自分で作る経験をするかどうか、というお話ですね。

トッチ もし、その体験・経験ができたとしたら、真理がつかめるでしょう。きっと。

もしやれないとしたら、それがあなたのエゴでございます、っていうことですね（笑）。

でも、それほどのお話です。

自分で自分のことを笑えて、見せあえる世界

トッチ 今の一連のお話を、やりとりを聞いていて、みなさんの中で、何か動いていたでしょう？　どんな髪形してるんだろう？　とか、自分にもできるのかな？　とか。なんかワクワクするものと、ヘンなもどかしさと、みなさんの妄想が、勝手

に渦《うず》をつくっていると思うんですけど。

礒　越えていきたいけど、ちょっと怖い、みたいな。微妙な渦でしたね。

トッチ　真実の世界を、できれば見たくない、という人も、中にはいるんじゃないかと思いますね。

僕としては、ウケを狙《ねら》おうとしたわけでも、笑いをとろうとしたわけでもなく。これくらいやらないと、僕が本当のところは何を伝えたいのか、というのが伝わらないだろうと思って。これでわからなければダメだろうと（笑）。

礒　ズラしの奥義《おうぎ》ですよね。

トッチ　そうですね。もう、最終奥義です（笑）。

もともと、坊主頭にでもしようかなと思っていて。よく行く、近くの温泉施設の中にある床屋に行ってみたんですけど、ところがそこに、おじいちゃんやおばあちゃんが、列をつくって待っていたんですよ。渦をつくっていたんだね。それを見たら、普段迷わない僕も迷いが出て。迷いの渦ができて（笑）。それで温泉にだけ入って帰ってきて、一人で立体を作っていたんです。でも、そういえば礒さんが来るっていってたな。ちょっと笑わせたるか、と思って、電器屋さんに車を走らせて、バリカンを買ってきたんですね。そして、僕なりに、今一番イケてるんじゃないかな、というのをやってみようかと思って、表現した結果が、この帽子の中に隠れているんですけどね。

これからその結果をお見せするとして、笑った方がいたとしたら、帰りの電車の中で、どうなるか知りませんよ。真面目な顔して歩いていたって、急にこの髪形を思いだして、どうなるか。

思いだして、一人で笑って、まわりの人からいろんな目で見られると思いますけど。構わないですか？

そして、見ても絶対に笑っちゃダメですよ？　こっちは真剣ですからね。いいですか？

（髪形を見せる・会場どよめく）


まあこれが、やってみると、なんだか妙にしっくりくるというか。昔からこうじゃなかったっけ？　という感じさえ、してくるんですよね。みんな、ずっとこんなふうに、おもしろい感じで、いなかったっけ？　みたいなね。

何と言うか、みんな、本当の自分の見せあいっこ、笑わせあいっこみたいなことを、していなかったっけ？

人に対して、どうのこうのと反応するのではなくて、自分で笑っちゃう、っていう、そういう時代じゃありませんでした？　っていう。

そうやって、自分で自分のことが笑えて、それをみんなで見せあえるような、そういう国だったら、いい国になりそうだけどな、と思いますけど。

箸なんて、3メートルくらいの長さのを使ったりしてね（笑）。

そういう、ちょっとやりすぎみたいなことをやったり、今のレベルじゃないようなことがみんなできる、そんな日本だったら、結構おもしろいと思いますけどね。

「立て替え」「立て直し」を、まず自分の「中」でする必要がある

トッチ　こんなことをやって、言っていますけど、ちゃんとしてますから。こうして、立体と構造を世に出したりしてね。

でも、僕がそのあたりを歩いていたら、すーぐおまわりさんが来て、持ち物検査されて。警察署に連れていかれたりしてね。

たったのこれだけで、そんなことをされる社会ですよ。今。
だからみんな、いろいろ楽しんじゃった方がいいと思いますよ。逆に。

こういう、一見過激な髪形でも、だんだん慣れてくるといいますか。鏡を見て、自分で「プッ」って笑えるというのは、ある種の奥義《おうぎ》だと思います。こんなふうになれたら、別に、容姿がどうこうとか、特にないですもん。

一人ひとり違っていて、「サイコーだなあ」と思いますよ。逆に、容姿が整っている人を見ても、全然おもしろくなくなってきますからね。

だから、逆転するんじゃないですか？　見た目の価値観みたいなものも。おもしろい感じで。

おもしろい感じで、ですよ。

まるまる、まったくただ反転する、というよりは、反転することに、おもしろさが加わる、ということ。

世の中も、決してイヤなことばかりがあるわけではなくて。イヤなところだけを見ているのが自分だ、ということ。

それを立体にして見てみれば、違うところも見えるんだよ、ということですよ。すごく簡単。

難しいことを言ってるんじゃなくて、当たり前のことしか言っていないんです。それを立体の意識として発展させることができれば、この世はそんなに悪いところじゃないし、最初から多次元だし、見えないものが見えるようになってくるんです。

そうすると、一人ひとりに渦《うず》がつくられるようになるんだと思います。エネルギーの渦が。

それぞれに人が集まって、共鳴しあって、またそれが大きな渦になって……となっていって。

だから、もし新たなる次元を意識して生きるとしたら、僕たちは「立て替え」と「立て直し」というものを、まずは自分の「中」でする必要があるということです。

それが「岩戸開《いわとびら》き」というものだと思うし、それを本当に、自分の「中」が求めているんじゃないですか？　ということ。

4と6は60度と90度でもある

トッチ　ずっと待っていてくれたんじゃないかな。

例えば、麻の葉模様といったヒントになるものが、みんなが気づくのを、ずっと目の前で待ってくれている、ということ。

麻の葉模様と七宝模様というのは、立体になると、同じなんですよ。ひとつになっているの。

角度でいえば、四角い方が七宝模様で、六角形の方が麻の葉模様（107ページ上参照）。

それらが合わさったものが「シードオブライフ」といわれる形であり（107ページ下参照）。

四角形の方が七宝模様

六角形の方が麻の葉模様

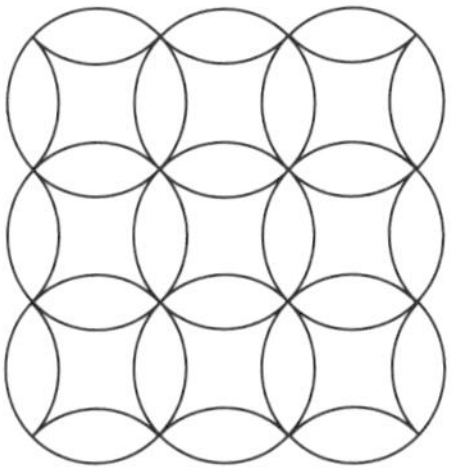

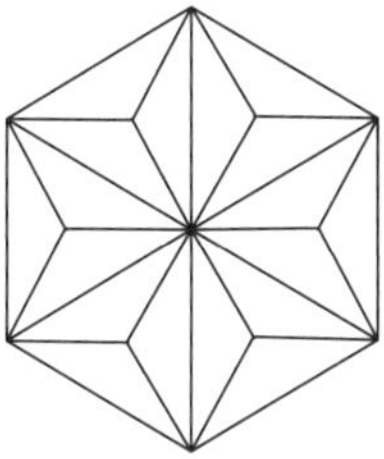

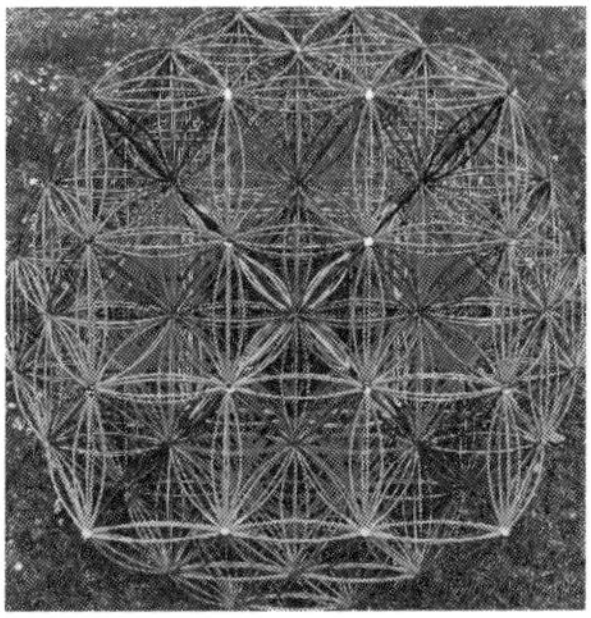

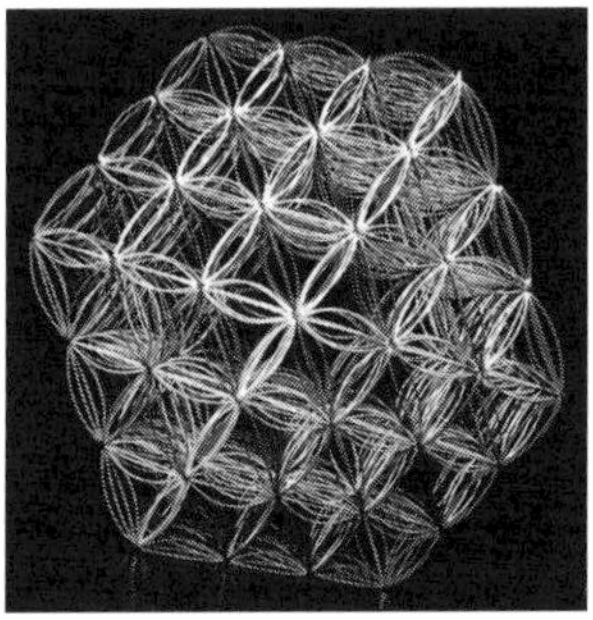

合わさったものが「シードオブライフ」といわれる形

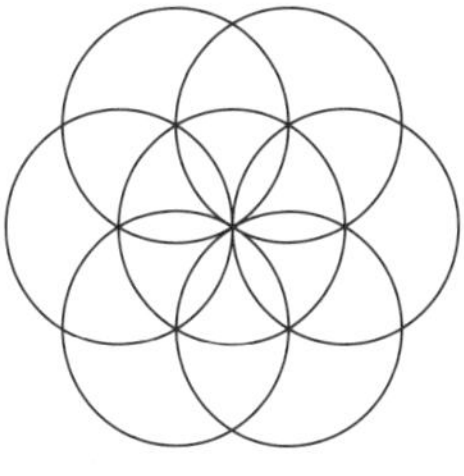

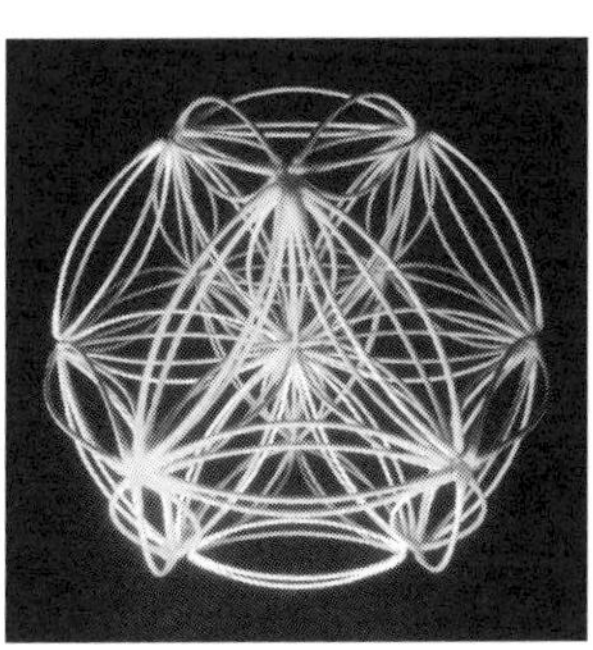

4と6なんですよね。

4と6であるということは、2と3でもあるわけです。

これは、60度と90度でもあるということ。つまり、ベクトル平衡体になるわけです（109ページ参照）。

今までの価値観を否定しない、過去を否定しない

トッチ　もう、お話は、これで完結しているくらいなんですけどね。実は、第1回で完結している、っていうくらい。

それを、5万回かけてみなさんにお伝えする、っていう時間なんです。

それくらい、なかなか、いろんなものを受けいれられないんですよね。

まあ、受けいれられないでしょう、こんなヘンなヤツの話を聞きにきているって

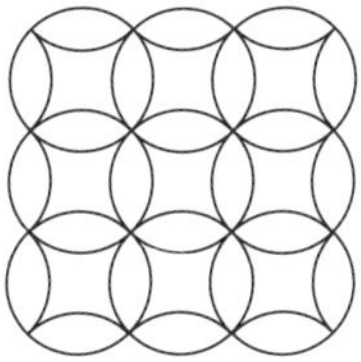

七宝模様

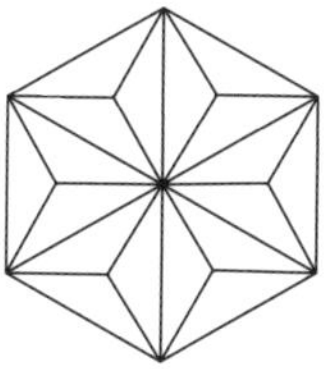

麻の葉模様

4 ↓ 2 ↓

6 ↓ 3 ↓

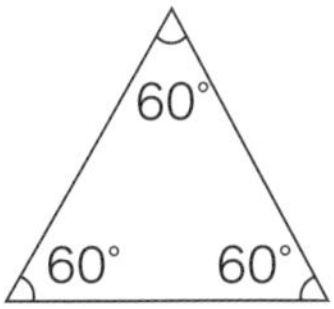

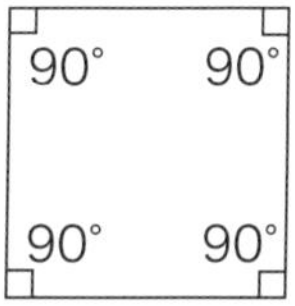

ベクトル平衡体になる

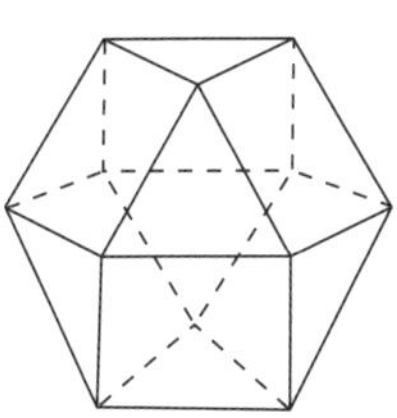

いうのは（笑）。

この髪形で、この前歯のないヤツに、まさか自分がこんな話を聞きにくるなんて。それが、みなさんの人生の中で起こるなんて、考えたことありますか。

今、みなさんは人生で最大の間違いをおかしている瞬間ですよ（笑）。

でも、だからこそ、変われるんだと思いますよ。

先ほど、儀さんもおっしゃっていたと思うんですが、変容するとき、層と層の間は、必ず今までと変わる場所があるんです。そこにぶつかったときは、新たなエネルギーに変わるための時間なんです。

それをイヤなものとして受けとってしまったら、イヤなものとしてしまったら、それ以上にはならない。進めない、ということ。それが、すべてのことに言えるんです。

だから、「なんか大変だなあ〜」と思ったら、チャンスとするわけ。その大変さを。

本当は、その都度《つど》越えていけるように、そもそも準備されているんですよ。「越えていくようになっている」と言った方がいいかな。

今までの価値観を否定するのではなくて。今までは今までで、よかったわけです。

だから、過去を決して否定しないということ。否定した瞬間、それは執着になって残ります。

「このヤロー」っていうような気持ちは、執着として残ってしまうから、そこを一番、手放さなくてはいけないんです。いろんなことに対する気持ち、過去に対する気持ちを。

過去に対するものを持ったまま——つまり、今に対するものを持ったまま先を目指そうとしても、行けない。そのことを、まず最初に知るということ。

それが、「空間をつくる」「余白をつくる」「遊びをつくる」ということ。

そして、ときには性質を変える。

かたいもの、やわらかいもの、液体、気体……というふうに、いろんな形に。

さらに、混ぜるものも変えるわけです。

といったようなことを、教えてくれるんです。この立体は。

自分で自分の髪形のことを思って笑ってしまう。

鏡を見ると、笑わないわけにいかないから（笑）。

何ごともなかったように、気づかないフリして鏡を見ようとしても、つい笑っちゃうんですよね。慣れてこないんですよ（笑）。

いつ見ても笑えるっていうね。

でも、この「いつ見ても笑える」っていうのが、いいんだと思うんですよ。そこが、おもしろくできるポイント。

だって、全部を笑えてしまえばいいじゃないですか。

全部を、ですよ。一部分じゃなくて。全部を笑えてしまえばいいと思います。

そうしたら、「本当はみんなハッピーだった」って、即座にわかりますよ。

地球の変化に合わせなければ、共鳴しない

トッチ　何度も言いますけど、そういうことを、立体は教えてくれる、ということです。

言葉にすると、そういうことになってしまうの。

でもそれを、ただ文章にする、ということは、僕はできないし、やらない。

だから、みなさんに、やってみてほしいってお伝えします。

というのは、一人ひとりの考え方や価値観というものは、みんなバラバラだから、「同じもの」というのが、そもそもないんですよ。

奥にしかないの。

でもそれは、みんなが忘れてしまっているものなの。それが、魂というか、宇宙の法則というかね。

地球が今、噴火をはじめて……とか、最近地震が多くて……って、変化をはじめているんだったら、僕たちも、そもそも変化していかないと、共鳴なんかしないよ、ということ。

本当は、たったそれだけの話。

それが逆に、わかんねえのか？　というくらい。それくらいわかれ、という話。

それより、お金の方が大切ですか？　お金をいくら稼ぐとかね。

おもしろく生きていられれば、それでいいんじゃないんですか？

一番笑えるところって、あると思いますよ。

ストレスのために会社に行くんじゃなくて、自分が「エネルギーが回るなあ」っていう会社。そういうところに、自ら進んでいって。

それは、自分が本気でやりたいことですよね。

やりたくない仕事だったら、やめちゃえばいいと思う。僕は。

やりたい仕事だったら、多少のことがあっても、そこにいられるから。だって、やりたくてやってるんだから。

だけど、やりたくてやっていることに、また余計な概念をのせちゃうと、これ大変（笑）。

やりたくてやっていることほど、本来であればエネルギーが純粋だから。そこに余計なものをのせたら、反転する幅が広がっちゃって、より大変になってしまう。

でもまあ、キライな人とかをつくらないのが、一番いいと思いますね。

だって、悪い人の中にも、ちゃんと「中」というのがあるから。そういう人が立体を作りはじめたりしたら、「あれ？　この人も光だった……」って、なっちゃいますよ？

エネルギーの仕組みを、内側——構造の仕組みに見ていく

トッチ　今、このグリッドの一つひとつには、クリスタルガラスが入ってますけど（117ページ参照）。

かわりに、例えば、スパークが起こるようなものを入れて、火花みたいなものが散るとします。

球と球がぶつかりあって、摩擦《まさつ》が起きて火花が散るみたいな状態です。

それが回転したとしたら、残像が無数に残って、本当にひとつの光に見えると思うんですね。

そういう、すごくシンプルな話だと思うんですよ。エネルギーにしても同じ。

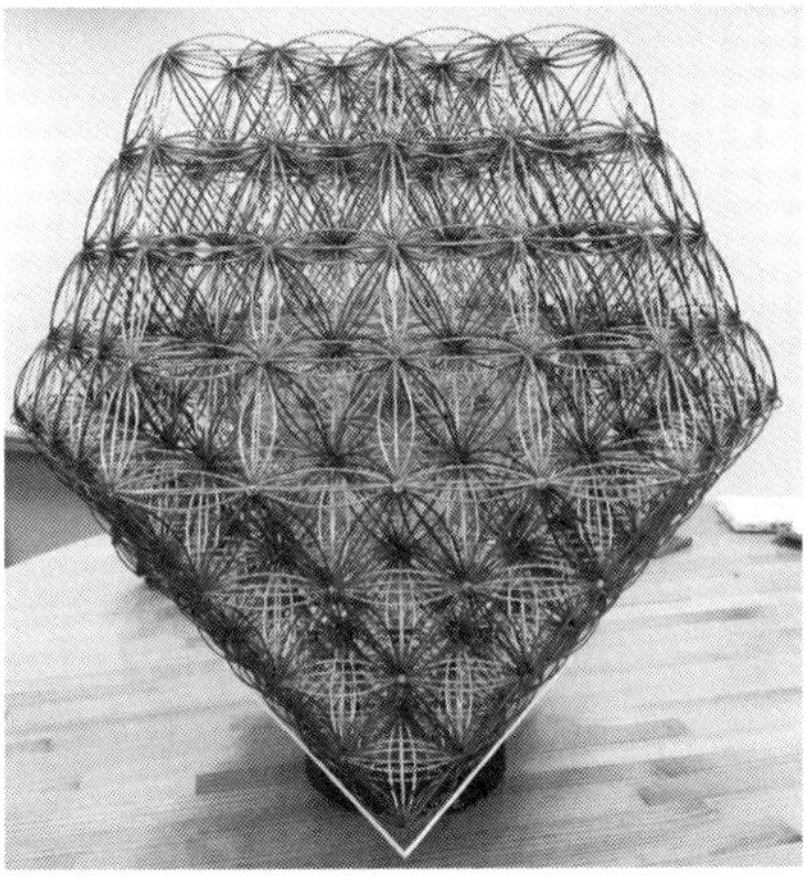

グリッドの一つひとつに
クリスタルガラスが入っている

でも、そのエネルギーを外に見るのではなくて、内側——構造の仕組みに見ていく、ということ。

目の前に出てくる大きいものというのは、細かいものです。つまり、より奥の世界があらわれてくる。大きいものを作るというのは、そういうことになるわけです。

それが、自分の奥の世界だった、ということです。

奥の自分に、出会えるようになっているんだと思いますよ。フラワーオブライフというのは、そういうことをあらわしている構造だから。

そうしたら、悩みなんてなくなるというか。

悩みというのは、つくっているんだよね。結局は。

自分で悩みをつくっていたのに、それを今までは、人のせいとか、国のせいとかにしていたんだと思う。

みんながそういう仕組みに気づいていったら、国も勝手によくなっていきますから。多分ね。

政治家の人たちだって、国会でくだらない言いあいをしている時間があったら、みんな一人ひとり立体を作ればいいんだよね。議事堂で。あのテーブルで。余計な野次の飛ばしあいしている時間を、立体を作る時間にして。そしたら、国会議員がどう変わっていくか。

すごくいい国になっちゃうんじゃないかなあ、と思うんですけどね。ひとつになっちゃう、というか、ひとつだったことを知る。

フラワーオブライフは、どこが欠けてもダメなんですよ。すべて必要なの。そういうことを、みんなが理解する……といったら、みんなで実際に作ってみるしかないじゃないですか。

でなければ、わかれない。理解することができない。

弥勒の世は、立体世界に気づいたところにある

トッチ　このフラワーオブライフの仕組みが真理だとしたら。

みんながそれを理解していくことで、「岩戸開き《いわとびら》」といわれる、かたい戸が開くんじゃないかな。開いて、本当に弥勒《みろく》の世がはじまるんじゃないかなあと思います。

だから、弥勒の世というのは、本当に立体世界、こういうことに気づいたところの世界なんじゃないかと思いますし。

もちろんそこに、人工知能も含め、いろんなものも合わさってきます。

ここで、いろんなものごとを融合して考える、ということが求められると思います。

だから、一概《いちがい》にすべてを否定するのではなくて、むしろ、その奥を――時代背景

だとか、そういったものを考えながら、進んでいければいいんじゃないかと思います。

せっかく2つの目をもっているんだから。

2つの目で、見えるものがクロスしているから、立体として見えているのに。それを、頭の中で平面に落としているのでは、もったいないから。

まあ、遊びながら生きる。その遊び方を変える。

そしてまた、立体を作っていくのに、細かいものなんかを作りだしたら、妙にうれしい気持ちになりますから。

「あ、やれた」「作れた」っていう気持ちが出てきて。

今まで「やれなかったと思っていた自分」が「何かやれるという自分」に気づいていけるよ、ということ。そこに立ちかえることができるんじゃないかな。

そうすると、「中」からはじめていくことができる。

立体は、中から外に向けて作っていくから、同じように、中心から自分のエネルギーが広がっていくんです。

フラワーオブライフの構造そのものに、自分が内側からなっていく、変わっていく、ということなんですよね。

フラワーオブライフの構造は、本当に中心からしか作っていくことができないから、作っていくうちに、それがわかる。フラワーオブライフが教えてくれるんです。

例えば、真ん中さえきちんと整っていれば、外側がいくらゆがんでいても、直せるんです。

でも、外から直そうとしても、真ん中のゆがみは直せない。

今、僕がお話ししていることが、すんなり腑に落ちるようになったら、結構軽くなりますよ。身体が、ポーンと。

そうやって、抜ける感じを体感する人も、中にはいるんじゃないかなと思いますね。

って、こういう話は全部、拾った紙に書いてあったんですけどね。たまたま拾った紙にね、書いてあったんですよね（笑）。

無限、インフィニティの状態に保つには、いかにゆがみを取るかが重要

トッチ　本当に理屈がわかってくると、本当におもしろい現象があらわれるようになっているんですね。

これは、誰でも同じだと思います。だって、すべて勘違いだったんだもん。

かと言って、僕を信じてくれというのではなくて。

みなさんが勝手にそこまで行ってくれ、と。みなさんが自分の中を探してくれ、という話。

冷たいわけでも、突き放しているわけでもなく、それが多分、一番いい方法なんです。本当にやってみてもらわないと、何とも言えないんですよ。

これは、ゆがんだ状態では発展していかない形なんですね（125ページ参照）。けれども、ゆがまずに組んでいけたとしたら、無限に大きくなるんですよ。つまり、ゆがんだら発展していかない。ゆがんだ瞬間から、有限化がはじまるということ。

ですから、もし、自分を無限の状態に保ちたい、インフィニティ、8の状態に保ちたいということであれば、いかにゆがみを取るか、というところが重要になるんです。

完璧にゆがみがあり、完璧な凹凸がある、と考えると……ギア。みなさんが知っ

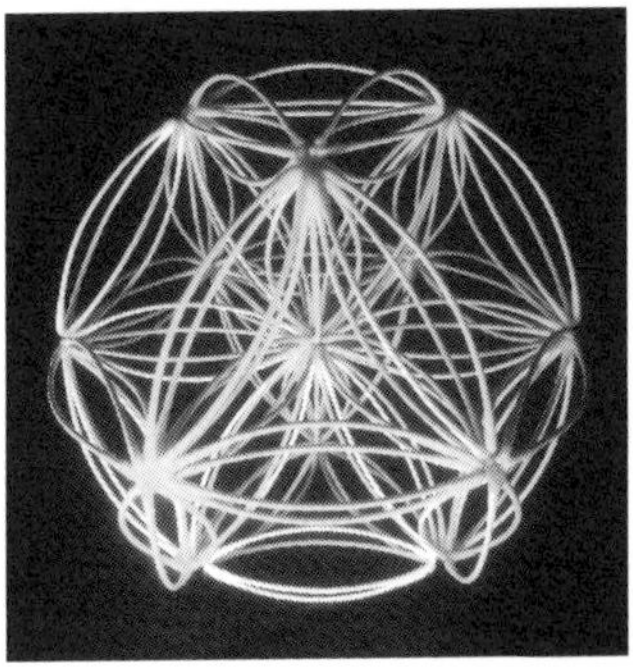

ゆがんだ状態では
発展していかないが

ゆがまなければ
無限に大きくなる形

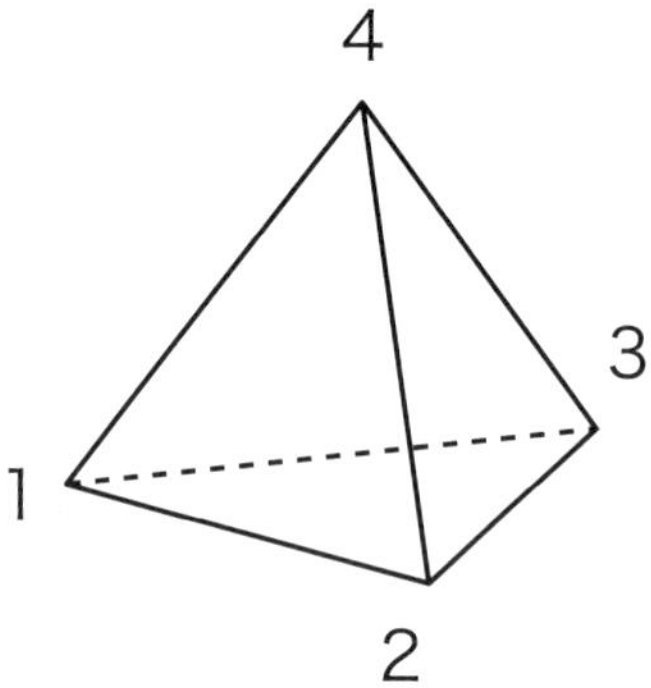

正四面体
火のエレメント

一番最小の
立体のギアになる

「4」からはじまる

ている、歯車というやつですよね。

歯車と言ったとき、みなさんは、ひとつの車輪に凹凸がついているのを思い浮かべると思うんですよ。でもそれが、３６０度すべての方向に歯車がついているとしたら、それは幾何学になるわけです。

その最もシンプルな形が、正四面体という、三角がとがっている、火のエレメントになる(上参照)。

これが、一番最小の立体のギアになる。だから、「４」からはじまるということですね。

４の中には、もちろん中心というものがあります。実際に今、ここにあるものに、それがあるかないかは別にして。

というのは、そこに「ある」中心と、「ない」中心――僕たちが「ない」と思っている中心もあるからです。

僕たちは、見えないものは「ない」ものとして、とらえてしまう。

けれども、音があったりするように、見えないから「ない」というものは、ないんですよ。

真理をバラバラにしたものが、日本の伝統工芸

トッチ　可視化できないだけなんだ、ということを、今日のはじめの方にお話ししたと思うんですけども。

そう考えると、本当にすべてが、立体的な層になっている。

日本にも、ありますよね。箱を開けたら箱があって、開けたらまた箱があって、

また開けたら箱があって、また開けたら箱があって……というもの（129ページ上参照）。

そういうものも、ヒントじゃないですか？

折り紙は、折る角度によって、あらわれる形が違うわけでしょう？（129ページ中参照）

手毬《てまり》なんていうのは、立体の回転数によって起きる、模様の違いですよね？　残像の違い。それを形として瞬間的に止めてくれたのが、手毬の糸の縫い方だと思いますよ（129ページ下参照）。

じゃあ、その骨格が何だったのか、といったときに。手毬は、これを囲む球体の方になって、中身が、これ（ベクトル平衡体を基礎にしたもの・130ページ上参照）。

中身の回転を変えることで、手毬の模様が変わるわけです（130ページ中参照）。

それは、みなさんが知っている万華鏡という形で、昔から日本にあるわけですよ

開けたら箱があって、
開けたらまた箱があって……

折り紙は、折る角度によって
あらわれる形が違う

手毬は立体の回転数によって起きる
模様の違い、残像の違い

手毬の中身＝ベクトル平衡体

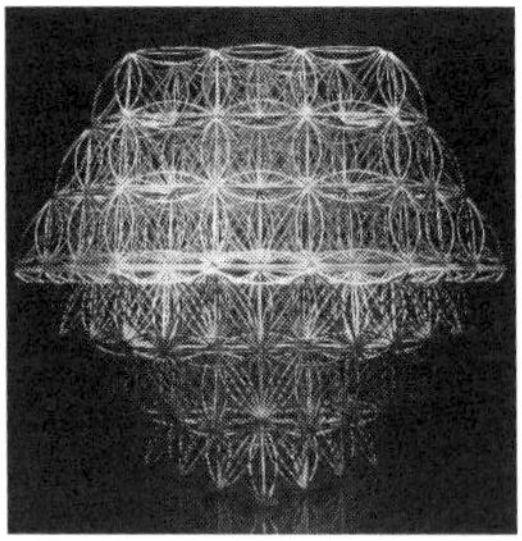

中身を囲む球体

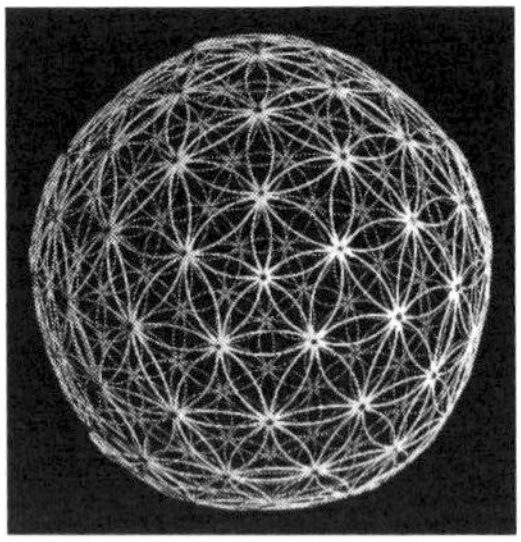

手毬の模様は
中身の回転を変えることで変わる

回転が変わると模様が変わる万華鏡

（130ページ下参照）。


真理をバラバラにしたものが、日本の伝統工芸そのもの。もう、本当に。

それが、いまだに残っていただけだった、ということ。

だから、日本のそういったものを、一つひとつ集めて、本当に何を伝えようとしていたのかということを模索できるようになったら、すごいエネルギーとつながってくると思いますよ。

それを、こんな髪形のヤツに言わせないでくれと（笑）。

どこか重いものがあれば、次の中には入れない仕組み

トッチ　ものごとを誤解してとらえている間は、やっぱり、本質というものをとらえることができない。

そこを、徹底的に理解するしかないです。

今の状態では知れない、知ることができないということ。

もし、今のみなさんの中に、どこか重たいものがあったら、それを取らない限り、次の中には入れない仕組みになっていると。それが、ずっと続くわけです。

より細かいものになっていかないと、奥には進んでいくことができない。

重さを——頭の中の、「こうだ」という固まった考え方をとかして、そこに回転できる空間というか、渦《うず》をつくって、混ぜこぜにしてあげればいいんですよ。とかして、混ぜこぜにしてあげるの。

それが、言葉を変えると「ゆるす」ということ。

そもそも「ゆるす」ということ自体が、平面的かもしれない。

「ゆるす」「ゆるさない」という二元だから。

だからもう、僕たちは、使っている日本語をズラさなくちゃいけないのかもしれないですね。誤解したまま使っているから。

言葉を使うときに、「思って」「放って」しまうと、それはもう、その時点で、自分で願掛けしているようなもので。

それが今度は、時間をおいて、見えない形として現象化してあらわれる。

そういうことが、永遠に続いているというだけです。

永遠に続いているのだったら、「永遠に続いている」という、その流れそのものをちゃんと理解して、どういう状態であれば、一番よい状態で、その中で過ごせるのかというところが、何かカギになっているんじゃないかなあと思います。

ですから、別に、綿棒で立体を作ることでなくても、知ろうと思えば、即座に知ることができるようになっているよ、ということです。

みなさん、家に帰ったら、同じようなことに気づくかもしれない。

筆箱ひとつとっても、カバンひとつとっても、わかる。

カバンというものの中に、いろんなものが入っていて。カバンの中にはカバンがあって、そのカバンの中には、またカバンのようなものがあって……って、そういうふうになってませんか？　みなさんのカバンの中。

そこにもう、宇宙の仕組みがあるじゃないか、っていうね。

テレポーテーションのポイントは「中」と「外」の共時性

トッチ　自然の中で、苔《こけ》が生えているところがあるとしますね。

これを顕微鏡で見たら、森ですよ。大きいか、小さいか、の差だけ。

そこに、勝手に人間が名前をつけて、違ったものにしているけど、一緒だ、ということ。

もう、その時点で数値が違うから、森と苔というものになっている。

同じだけど数値が違うから、周波数が変わるわけです。回転数が変わる。

でももし、その比率が合っていたとしたら、「中」のものと「外」のものに、共時性が生まれます。そろっているから。

そこが、テレポーテーションのポイントなんです。

これは今、「テレポーテーション」と言ったけれども、実体をもつテレポーテーションもあれば、実体をもたない、実体のないテレポーテーションもあって。それが、人の思いだったり、というもので。

これは言葉を変えると、量子力学というものだったりだとか。そういう世界のお話ともつながっていると思いますし。

自分の中に、そういった未来の新たな領域みたいなものも、もしかしたら隠されているとしたら、自分次第ということ。自分で自分をアップグレードできる、そういう状態にできる、ということです。

目の前にある層だけで見ない

トッチ　誰に頼るとかではなく、ただ、キレイに綿棒で立体を作っていく。もしくは、色を塗っていく。いろんなパターンというものを見て、さらにそこに角度を加えていってあげる、とかね。

そういうことは、誰でもできるでしょ。

だからもう、やれないことを言うのはやめて。ふだんからね。

やれないことだったら、そもそも考えない。はじめから。

やれないということは、動いていないということだから。

やっていない、というのも一緒で。

そうしたらやっぱり、エネルギーは回らない、ということを、まず知る。

前にも言いましたけど、頭で「わかってる」ということは、「わかってない」ということを、まず知る。

わかれないから。「わかる」ことができないから。

本当にね。

それだけでも、ものすごくいろんなことが入ってくる。

今までよりもはるかに違うところで、いろんなことが入ってきて、「ああ、ありがてえなあ」というような状態になってくるんですよ。なんだか、いろんなところで。

それがまた、過去に対しても、そういう「ありがたかったなあ」という思いになってくる。

邪魔だとしていた自分に、一番申し訳なかったかもしれない、というね。

ほかの誰かにあやまる前に、みなさんの魂にあやまった方がいい。

それを忘れてちゃ、やっぱり、真理や法則を知ろうとしたって、入ってきませんよ。エゴで知ろうとしたって。欲で知ろうとしたって。

もっとおもしろい状態のときに、はじめて、立体の世界の扉が開いてくれる。

個人差はあると思います。

すぐに知ろうとすること自体が、そもそも最初から間違いだった、ということ。

すべてのものに対して。

そこには、時間もかかる。やりはじめたときと、やっている過程があって、幅が広がっていくわけだから。必ず、広い尺度でものごとを見る、ということですよね。

今、目の前にある層だけで見ないということ。それができると、かなり先のおもしろい現象を、実際に見える形に落としこむことができるようになってくると思います。

つまり、自分で「作れる」ということです。自分自身を構築できる、と言った方がいいかな。

それが、一番の目的。

そうなってきて、はじめて、立体世界に関するお話を、みなさんに伝えることができる。本当にできるようになるんじゃないかと思います。

もっとシェアをしあったりだとか、情報交換したりだとか、そういうこともしたいですね。

この立体を、綿棒として見るのではなくて、宇宙として見たら、一つひとつのグリッドを、一つひとつの星が違うと思って見てください。場所によってもね。

そしてこの立体は、細胞の話でもあるわけです。

宇宙でもあり、細胞のお話でもあるわけです。

原子とかのお話でもあると思いますし。大きいか小さいかだけのことで、同じだから。

本当に、意識の使い方によっては、時代も変わるんじゃないかなあと思います。

開くべく岩戸は、内——意識の立体化

礒　日月神示の中に「8と9の境を越えて行くのが岩戸《いわと》開《びら》きぞ」というメッセージが出てきます。

これは、「鶴」と「亀」が統《す》べり、見える世界と見えない世界がひとつとなって立体フラワーオブライフが完成することを示していると思います。自分自身の内側にフラワーオブライフ、神聖幾何学の響きがふたたび戻り、魂、一霊四魂《いちれいしこん》が発動した状態こそが、真の岩戸開きであることを伝えてくれているのですね。開くべく岩戸は内にあり！　まずは自《みずか》らの意識の立体化ですね。

1、それでひとつという状態

トッチ　じゃあ最後に、いたずら描きを。

8というのは、こうもあらわせる。角度をかえると、円（142ページ参照）。

そして、4つの角度がついているんですよね（142ページ参照）。

だから、4というのが必ず基準になる。

それが春夏秋冬。それで一回転。

8は円であり、それは9でもあり（142ページ参照）。
すべてのものはつながっている。流動的に続いている。
今見えているのは、その一部を切りとった状態。
それは数字も同じ。

そして、9の次が10でしょう？
その重なったところ、0を消すと……1（142ページ参照）。
それで、ひとつだったということ。

だから、10で完結するわけです。
1、それでひとつという状態。
1からすべての数字がきて、8と9の境界を越えるということは、ひとつだった

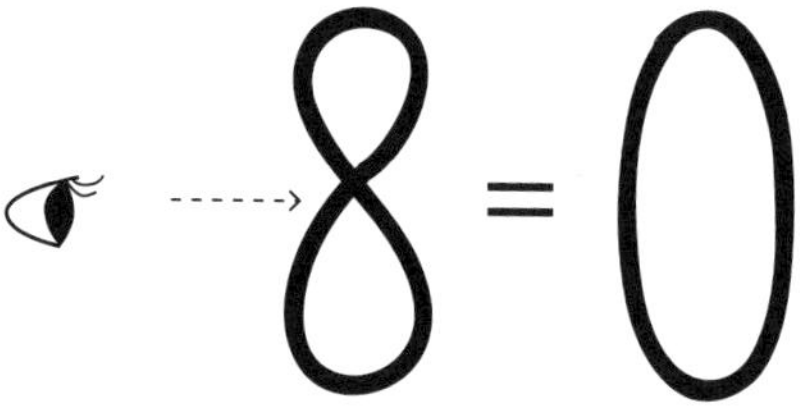

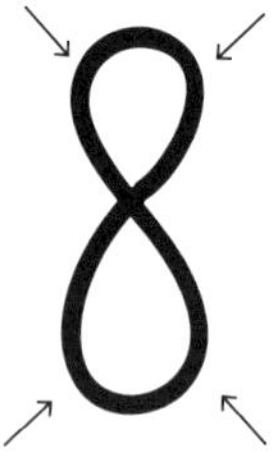

8は角度を変えて見ると
円であり、９でもある

＝
球
９

8というのは
４つの角度が
ついている

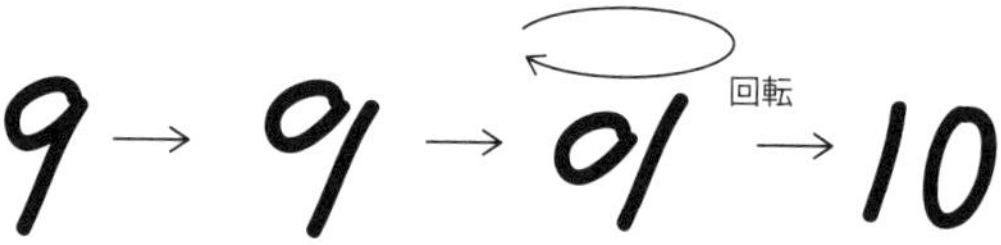

すべてのものはつながっていて、流動的に続いている

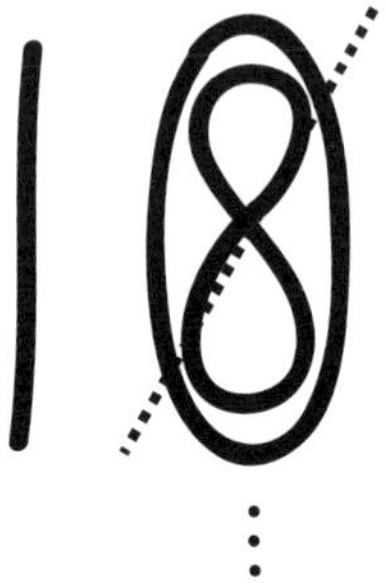

９の次10　重なったところを消すと　……ひとつ

→８であり９であり、
１～９までの数字が含まれた状態

→１が残る

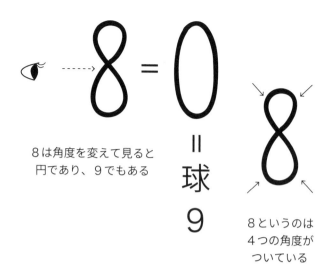

ということ。
すべてはひとつだったということを、知るということなんじゃないかなあと。
僕なりの意見ですけどね。
だから、これだけは信じちゃダメですよ（笑）。
では、本日はここまでにしたいと思います。
ありがとうございました。

参考文献

『［完訳］ 日月神示』〈上巻・下巻〉岡本天明書／中矢伸一校訂（ヒカルランド）

手に入れるは、宇宙のものさし。

トッチ　とっち
神聖幾何学アーティスト
幼少期よりフラワーオブライフや麻の葉模様、カゴメ模様に惹かれて育つ。
15年ほど前、ふと訪れた神社で、狛犬が踏んでいる手毬の模様がフラワーオブライフと同じであることに気づき、電気が流れたような衝撃が走り、以来不思議なビジョンを見るように。
東日本大震災を経て、さらに神秘体験を重ねるようになり、生きること・世界・宇宙の本当の意味を探す決意をする。
導かれるように日本各地を旅する中で『完訳 日月神示』に出合い、神聖幾何学の秘密、日月神示の意味について確信する。

礒 正仁　いそ まさひと
古神道探究・実践者
物質的な欲望を満たした先に感じた痛烈な虚しさから、魂が真に求める在り方への求道の旅が始まる。
「永続的な悦びとは？」「永遠不変なる真理とは？」「本質的な祈りの力とは？」
あるがままの自分への回帰という魂の想い。見える生命《いのち》見えない生命《いのち》との響き合いの中で本来の自分を活かす悦び。
自身のチャレンジを通じて、それらが生み出す奇跡の波乗りの体験を分かち合っている。

日月神示、マカバ、フラワーオブライフ
宇宙の最終形態「神聖幾何学」のすべて8［八の流れ］

第一刷　2020年9月30日

著者　トッチ
　　　礒　正仁

発行人　石井健資

発行所　株式会社ヒカルランド
〒162-0821　東京都新宿区津久戸町3-11　TH1ビル6F
電話　03-6265-0852　ファックス　03-6265-0853
http://www.hikaruland.co.jp　info@hikaruland.co.jp

振替　00180-8-496587

本文・カバー・製本　中央精版印刷株式会社

DTP　株式会社キャップス

編集担当　遠藤美保

ISBN978-4-86471-908-7

ヒカルランド　好評既刊！

地上の星☆ヒカルランド　銀河より届く愛と叡智の宅配便

宇宙の最終形態「神聖幾何学」のすべて5［五の流れ］
著者：トッチ＋礒 正仁
四六ハード　本体 2,000円+税

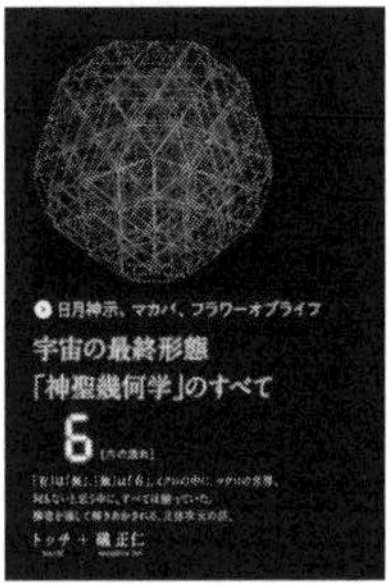

宇宙の最終形態「神聖幾何学」のすべて6［六の流れ］
著者：トッチ＋礒 正仁
四六ハード　本体 2,000円+税

宇宙の最終形態「神聖幾何学」のすべて7［七の流れ］
著者：トッチ＋礒 正仁
四六ハード　本体 2,200円+税

【内容】［五の流れ］数字の見方次第で見えるものが変わる／本当の科学の話をしよう／映画の世界がリアルになってきた／何も生み出さない行為が立体を生み出す／力を抜く＝自分を信じられているということ／動きは金と同じ価値観／ライトになる、軽くなる／瞬間ごとに違う世界を生きている　**［六の流れ］**「ム」と「ウ」ムウ大陸／すべての元素が揃うフラワーオブライフ／地球と神聖幾何学のグリッドを重ねると／魂を削る＝たまげる、つらいこともありがたいこと／図面を引いた時点で、ディセンションしている／ビッグバンに対する誤解　**［七の流れ］**今この瞬間こそが、過去／平面から立体に起きあがる＝よみがえり／同じ「1」でも分散すると変化が起きる／頭で考える「わかってる」は「わかってない」／立体の世界にふれるのは、パンドラの箱を開けること／フリーエネルギーは、個人の内なるエネルギー発動後の話